5/

PETRY

ALLAUSSÖHNUNG, TOD UND LETZTE DINGE

Nr. 154
3. Auflage 1986
ISBN 3-88475-011-9
Konkordanter Verlag
Büchenbronner Straße 16, 7530 Pforzheim
Druck: Friedrich Schröter & Söhne GmbH, 7530 Pforzheim

PFARRER P. PETRY

ALLAUSSÖHNUNG
TOD
UND LETZTE DINGE

Inhalt

Vorwort 9

1. Was gibt uns ein Recht, von „Allaussöhnung" zu
   sprechen? 11
   Versöhnung, Aussöhnung, Allaussöhnung 11
   Rechtfertigung durch den Glauben 15
   Gott hat in Christus die Welt Sich Selber versöhnt 19

2. Was sagt die Heilige Schrift vom Tode und von dem,
   was nach ihm kommt? 23
   Leib, Seele und Geist 23
   Was geschieht beim Tode? 25
   Einwände und Gegenbeweise 26
     Ihm leben sie alle – Luk. 20:38 26
     Der Leib und Seele verderben kann – Mat. 10:28 . . 28
     Heute mit Mir im Paradiese – Luk. 23:43 31
     Der reiche Mann und der arme Lazarus –
     Luk. 15 und 16 34
     Er wird den Tod nicht sehen – Joh. 8:51; 11:26 . . 40
     Viele Wohnungen in des Vaters Haus – Joh. 14:2 . 41
     Sterben, um bei Christus zu sein – Phil. 1:20–23 . 43
     Der Abbruch der Zeltwohnung – 2. Kor. 5:1–8 . . . 45
     Der allein Unsterblichkeit hat – 1. Tim. 6:16 . . . 48
     Die Geister im Gefängnis – 1. Pet. 3:18 49
     Toten ist Evangelium verkündigt – 1. Pet. 4:6 . . . 51
     Die schreienden Seelen unter dem Altar –
     Off. 6:9–11 53
     Totenerscheinungen – 1. Sam. 28; Mat. 17:1–9 . . 53
   Unsterblichkeit der Seele – eine heidnische Lehre . 56
   Tod und Auferstehung 59

3. Was lehrt Paulus weiter über die Allaussöhnung? . .   65
In Christus werden alle lebendig gemacht werden –
1. Kor. 15:20–28   66
Rechtfertigung des Lebens für alle – Röm. 5:12–21 .   71
Fürbitte und Dank für alle Menschen – 1. Tim. 2:1–7   75
Gott ist der Retter aller Menschen – 1. Tim. 4:10 . .   79
Alle Zungen huldigen Jesus Christus – Phil. 2:10–11 .   80

4. Die nichtpaulinischen Teile der Bibel und die
Allaussöhnung   83
Der Schlange wird der Kopf zermalmt – 1. Mose 3:15   83
Das Jubeljahr – 3. Mose 25   84
Der Erstgeborene für die Nachgeborenen   85
Das Licht, das alle Menschen erleuchtet – Joh. 1:9 .   86
Ich werde alle zu Mir ziehen – Joh. 12:32   88
Der Fürst dieser Welt – Joh. 12:31; 16:11; 14:30 . . .   89
Wie ist das sonstige Schweigen in den
nichtpaulinischen Schriften zu erklären?   93

5. Widersprechen andere Schriftstellen des N. T. der
Allaussöhnung?   100
Ewigkeit oder Äon   100
Das Nationengericht Matthäus 25   108
Weitere äonische Gerichte – 2. Thess. 1:9   110
Die Sünde wider den heiligen Geist – Mat. 12:32 . .   111
Der Wurm, der nicht stirbt – Mark. 9:45–46   112
Der Zorn Gottes bleibt über ihnen – Joh. 3:36 . . .   114
Die Gefahr des Nichtwissens   114
Der abgehauene Baum – Mat. 3:10   114
Der letzte Heller bezahlt – Mat. 5:22   116
Wehe dem Menschen Judas – Mat. 26:24   116
Kein einziger stichhaltiger Einwand   117

6. Außerbiblische Einwände gegen die Allaussöhnung
   und ihre Beantwortung 117
   Diese Lehre verführt zum Leichtsinn 117
   Eine gefährliche Lehre 119
   Endlose Qual – und denkende Menschen 121
   Endgültige Vernichtung der Verdammten 127
   Kein Gerichtsernst 129
   Keine Willensfreiheit 131
   Kein Anknüpfungspunkt Gottes für Verstorbene . . 134
   Kein Antrieb für die Evangelisation 139
   Und die abgefallenen Engel? 140
   Vom Ursprung des Bösen 142
   Die geltende Kirchenlehre 147
   Die Kirchenväter 152
   Neuere Theologen 155

7. Fluch und Segen einander entgegenstehender Lehren . 158
   Harte Lehren erzeugen harte Menschen 158
   Grausame Prediger und Kirchenlehrer 158
   Die Liebe erwartet alles 163
   Allein aus Gnaden 169
   Eine tröstliche Wahrheit 173
   Eine ungesunde Lehre 175
   Gott alles in allen 177

Vorwort zur 1. Auflage

Mit den in den folgenden Ausführungen behandelten Fragen hat sich der Verfasser ein halbes Jahrhundert hindurch und besonders eingehend in den fast zwei Jahrzehnten seines sog. Ruhestandes beschäftigt. Anregung dazu gaben ihm zunächst die um die Jahrhundertwende erschienene Schrift von Prof. D. Lemme „Endlosigkeit der Höllenstrafen und allgemeine Wiederbringung" und das Buch von Pfarrer L. Reinhardt „Kennt die Bibel das Jenseits?", München 1900.

Mancherlei Förderung verdankt er dem „Reich Christi" von D. Johannes Lepsius, der Monatszeitschrift „Die Gemeine" des 1927 verstorbenen badischen Pfarrers Th. Böhmerle, dem Buche „Die Allversöhnung in Christus" von Prof. E. F. Ströter sowie der Zweimonatsschrift „Das Prophetische Wort" des gleichen Verfassers, die nach dessen Tode (1922) von Dr. H. Schaedel weiter herausgegeben wurde. Besonders wichtig waren uns in dieser Hinsicht die Schriften des Deutsch-Amerikaners A. E. Knoch: „The Sacred Scriptures" (Los Angeles 1930) und die Zweimonatsschrift „Unausforschlicher Reichtum" (Konkordanter Verlag). Die in vorliegender Schrift niedergelegten Anschauungen sind zum großen Teil schon jetzt Gemeingut von Hunderttausenden, besonders durch die weitgehende Verbreitung des letztgenannten Blattes, das in englischer Sprache unter dem Titel „Unsearchable Riches" schon seit 40 Jahren erscheint und neuerdings in der Landessprache in etwa einem Dutzend meist europäischer Länder, in deutscher Sprache im Konkordanten Verlag Pforzheim. Das 1950 erschienene Buch von Prof. D. Wilh. Michaelis (Verlag Siloah, Gümligen bei Bern) „Versöhnung des Alls", das die Lehre von der Allversöhnung mit Entschiedenheit als biblisch vertritt, konnten wir für unsere Arbeit leider nicht mehr auswerten, möchten aber nicht unterlassen, die Gelehrten unter unseren Lesern auf dieses wertvolle Buch hinzuweisen.

Möge der Herr unserer Schrift solche Leser schenken, die nicht infolge Anklebens an unbiblischer Überlieferung jede ihnen neue Wahrheit als Irrlehre ablehnen, sondern die den Gläubigen in Beröa gleichen, von denen es Apg. 17:11 heißt: „Sie forschten täglich in der Schrift, ob sich's also verhielte."

Bad Kreuznach, Februar 1952

Paul Petry, Pfarrer i. R.

Vorwort zur 2. Auflage

Seit Jahren war dieses Buch von Pfarrer Paul Petry, der inzwischen verstorben ist, vergriffen. Es ist vielen Lesern zum Segen geworden. Gott sei Dank dafür!

Wir haben diese 2. Auflage einer geringen Bearbeitung unterzogen und mit einer neuen Kapiteleinteilung mit entsprechenden Überschriften versehen. Sie sollen es dem Leser erleichtern, eine Antwort auf die ihn bewegenden Fragen zu finden.

Wir bitten den Gott und Vater unseres Herrn Jesu Christi um Geist der Weisheit und Enthüllung in Seiner Erkenntnis, damit allen die wunderbaren Gedanken Seines Rettung bewirkenden Ratschlusses enthüllt werden. Darüber hinaus laßt uns jedoch die Worte des Herrn beherzigen, die Er an gläubige Zuhörer richtete: „So ihr *bleibt* in Meinem Wort . . . *werdet* ihr die Wahrheit erkennen und die Wahrheit wird euch *frei machen*" (Joh. 8:31,32), d. h. frei machen auch von allen menschlichen Überlieferungen und damit befähigen, dankbaren Herzens in den Lobpreis Seiner Herrlichkeit einzustimmen.

Pforzheim, im Januar 1967

Konkordanter Verlag

Die biblische Wahrheit betreffend Allaussöhnung, Tod und letzte Dinge

In einer kleinen Schrift, betitelt „Satanische Prophetie", zu der der Verfasser derselben außer der Lehre von der Sündlosigkeit und der sog. Pfingstbewegung auch die Lehre von der Allaussöhnung rechnet, heißt es von der letzteren: „Es gibt kein Schriftwort, das die endliche Errettung aller Geschöpfe lehrt." Weniger kühn hat sich uns gegenüber vor Jahren der Herausgeber eines der verbreitetsten Sonntagsblätter Deutschlands ausgesprochen: „Es gibt vieles in der Bibel, was f ü r diese Lehre spricht, aber auch vieles, was d a g e g e n spricht". Wir möchten im Folgenden den Beweis dafür zu erbringen suchen, daß die Heilige Schrift klar und eindeutig, teils in längeren Ausführungen, teils in Einzelworten, die Allaussöhnung lehrt und daß in der ganzen Heiligen Schrift Alten und Neuen Testamentes kein einziges Wort dagegen spricht.

Wir fragen zunächst:

I.
Was gibt uns ein Recht, von der Allaussöhnung zu sprechen?

Versöhnung, Aussöhnung, Allaussöhnung

Bei der Vorberatung einer Evangelisation am Niederrhein sagte der betreffende Redner zu den Brüdern aus jener Stadt u. a.: „Sie haben an Ihrem Orte ja auch einen Allversöhner." Wir sind der Meinung, die Ehrerbietung vor der Heiligen Schrift sollte es verbieten, in solch spöttelnder Weise Ausdrücke zu gebrauchen, von denen Paulus sagt (1. Kor. 2:13): „Wir reden nicht mit Worten, welche menschliche Weisheit

lehren kann, sondern mit Worten, die der hl. Geist lehrt."
Kol. 1:19—22 schreibt derselbe Apostel: „Es war der Ratschluß (Gottes), durch Ihn (Christus) auszusöhnen das All mit Sich, indem Er Frieden macht durch das Blut Seines Kreuzes — durch Ihn (auszusöhnen), es sei das auf Erden oder das in den Himmeln. Auch euch, die ihr einst entfremdet und Feinde seid gewesen in der Denkart, in den Werken, den bösen, hat Er nun ausgesöhnt in dem Körper Seines Fleisches durch Seinen Tod, euch darzustellen heilig und makellos und unbeschuldbar vor Seinem Angesicht."

Hierzu bemerken wir: Jede Versöhnung im Blick auf vorher entfremdete oder miteinander streitende Personen oder Parteien kann entweder einseitig oder gegenseitig sein. Im griechischen Testament haben wir nun zwei verschiedene Wörter, die von Luther ohne Unterschied mit „versöhnen" wiedergegeben werden: *katallassein* und *apokatallassein*. Fast alle Übersetzer behaupten, daß die beiden Wörter dasselbe bedeuten; das letztere sei nur eine Verstärkung des ersteren. In unserer Stelle ist beidemal das Wort apokatallassein gebraucht. Knoch übersetzt in seiner Konkordanten (mit sich selbst übereinstimmenden) Wiedergabe *apokatallassein* mit *aussöhnen* im Sinne einer gegenseitigen Versöhnung, während er katallassein mit versöhnen, einseitig, wiedergibt. Hier bewährt sich die Richtigkeit seines Grundsatzes: Jedes griechische Wort wird, soweit es möglich ist, durch denselben deutschen Ausdruck wiedergegeben. Jedes deutsche Wort dient, wenn irgend möglich, zur Wiedergabe nur e i n e s griechischen Wortes. Hierdurch wird viel Verwirrung vermieden, und subjektive Ansichten werden nach Möglichkeit ausgeschaltet. Von deutschen Übersetzern macht unseres Wissens keiner diesen Unterschied zwischen *katallassein* und *apokatallassein*. Das letztere Wort findet sich im Neuen Testament nur Kol. 1:20,21 und Eph. 2:16; das erstere Röm. 5:10; 2. Kor. 5:18—20 und 1. Kor. 7:11; das Hauptwort *katallage*, Versöhnung, außer 2. Kor. 5:18,19 noch Röm. 5:11 und

11:15. Eine Vergleichung der angeführten Stellen beweist, daß die beiden griechischen Wörter verschieden übersetzt werden müssen. Der Zusammenhang erfordert, daß *katallassein* im Sinne einseitiger, *apokatallassein* im Sinne gegenseitiger Versöhnung zu verstehen ist.

Nehmen wir als Beispiel 2. Kor. 5:19: „Gott war in Christus und versöhnte die Welt mit Sich Selber, indem Er ihnen ihre Sünden nicht zurechnet und aufgerichtet hat das Wort von der Versöhnung." Hier ist von einem Tun Gottes die Rede, wobei *nur von Seiner Seite* etwas geschieht. Gott hat Sein Verhalten gegenüber der Menschheit geändert (katallassein wörtlich: nach unten, also nach den Menschen zu, ändern). Gott ist uns jetzt gnädig gesinnt, steht uns nicht mehr feindselig gegenüber, ist Seinerseits mit uns versöhnt. Für uns gilt es nun: „Lasset euch versöhnen mit Gott", 2. Kor. 5:20. Wenn wir diese Einladung annehmen, dann ist die *Versöhnung gegenseitig*. Darum kann Paulus den gläubig gewordenen Kolossern schreiben: „Auch euch, die ihr einst entfremdet und Feinde seid gewesen, hat Er nun *ausgesöhnt.*" So kann er den Ephesern schreiben (2:11–18), daß Christus beide, Juden und Nationen, Beschnittene und Unbeschnittene, ausgesöhnt hat mit Gott. Die, die früher ferne waren, sind nun Gott nahe gekommen; aber auch untereinander haben Juden und Nationen, die früher einander feindselig gegenüberstanden, durch den Glauben an Christus jetzt Frieden; sie sind mit Gott und dadurch auch *untereinander ausgesöhnt*.

Daß *katallassein* und *apokatallassein* nicht dasselbe bedeuten und nicht eines durch das andere ersetzt werden kann, geht auch klar aus Röm. 11:15 hervor. Paulus weist darauf hin, daß Gott die heidnischen Nationen nicht in Seine Nähe kommen ließ, bevor Israel verworfen war; erst dann bot Er ihnen die Versöhnung auf Grund des für alle gültigen Opfers Christi an. Er schreibt: „Wenn ihre (der Juden) Verwerfung der Welt Versöhnung (katallage) ist, was wird ihre Annahme anders sein als

Leben aus den Toten?" Würde man hier an eine gegenseitige Aussöhnung zwischen Gott und der Welt denken, so ließe man den Apostel etwas sagen, was in keiner Weise den Tatsachen entspricht, denn wenn es auch für die Dauer der gegenwärtigen Heilsverwaltung gilt, daß Gott allen gnädig gesinnt ist, so beharrt doch die Welt ihrerseits bis auf diesen Tag zum weitaus größten Teil in ihrer Feindschaft gegenüber Gott.

Ist uns die Bedeutung von *apokatallassein* klar, ist es also nach Kol. 1:19–21 der Ratschluß Gottes, durch Christus eine gegenseitige Aussöhnung mit dem ganzen All herbeizuführen, so ist damit die Frage nach der biblischen Berechtigung der *Lehre von der Allaussöhnung* schon beantwortet. Oder sollte jemand meinen, Gott fasse seinen Ratschluß in bezug auf das ganze Weltall und führe ihn dann nicht durch, sei es, daß Er nicht mehr wolle, sei es, daß Er nicht könnte, weil so viele Menschen Seinem Ratschluß widerstreben und sich nicht mit Ihm aussöhnen lassen wollen? Dann würde ja auch der große Ratschluß Gottes hinfallen, von dem Eph. 1:10 die Rede ist, alles, was im Himmel und auf Erden ist, in Christus als Haupt zusammenzufassen! Soll Gott nicht mehr Der sein, der nach Eph. 1:11 *alle Dinge wirkt* nach dem Ratschluß Seines Willens? Sollen wir nicht mehr singen dürfen: „Was Gott sich vorgenommen und was Er haben will, das muß doch endlich kommen zu Seinem Zweck und Ziel?" Laßt uns nicht so klein denken von dem großen Gott, von dem schon der alttestamentliche Sänger, Ps. 145:9, sagt: „Der Herr ist a l l e n gütig und erbarmt sich a l l e r Seiner Werke" und von dem Paulus rühmt, Röm. 11:32: „Gott hat a l l e beschlossen unter den Unglauben (wörtlich: in die Widerspenstigkeit), auf daß Er sich a l l e r erbarme", und wiederum Röm. 11:36: „Von I h m und durch I h n und zu I h m sind a l l e Dinge." Daß die vermeintliche menschliche Willensfreiheit den Ratschluß Gottes nicht zunichte machen kann, darauf werden wir später noch zu sprechen kommen.

Rechtfertigung durch den Glauben

Angesichts der Tatsache, daß auch in der evangelischen Kirche trotz Martin Luther und der Reformation viel Unklarheit darüber herrscht, was der Mensch zu tun hat, um seinerseits mit Gott versöhnt zu sein, dürfte es nicht unnötig sein, einige Worte darüber zu sagen. Es ist noch nicht lange her, daß mir ein älterer Christ erzählte, wie er schon als Knabe ein tiefes Verlangen hatte nach Frieden mit Gott. Als er dies gelegentlich kundtat, sei ihm gesagt worden: „Ja, das ist nicht so einfach, da mußt du zuerst einmal in die Buße gehen." Ich weiß nicht, was für Ratschläge man ihm gab, jedenfalls geriet er in immer größere Not und Angst, so daß er schließlich in eine schwere Nervenkrankheit verfiel. Ich hörte eine Reihe von Predigten eines jungen Pfarrers und jede einzelne war eine flammende Bußpredigt. Als nach dem Zusammenbruch Deutschlands 1945 in einer Pfarr-Konferenz die Frage aufgeworfen wurde, was wir unserem Volk jetzt predigen sollten, wurde u. a. die Antwort gegeben, daß es jetzt vor allem gelte, Gottes Gesetz zu predigen.

In frommen Büchern kann man immer wieder die Ermahnung finden, sich selber zu prüfen an dem Worte Gottes, seine Sünden zu erkennen, sie zu bereuen, sich zu bekehren, sich Christus völlig zu eigen zu geben, die Bibel zu lesen, fleißig zu beten usw. Gewiß, das ist alles gut und recht an seinem Platze; die Forderung, Buße zu tun, – die wörtliche Übersetzung des betreffenden griechischen Wortes ist *umsinnen*, den Sinn ändern – begegnet uns z. B. sehr oft in der Bibel, ebenso die Forderung der *Bekehrung*, aber nun ist festzustellen, daß Paulus, wenn auch das griechische Wort, das Luther mit „sich bekehren" übersetzt, 2. Kor. 3:16; Gal. 4:9 und 1. Thess. 1:9 zu finden ist, doch in allen seinen Briefen niemals an Ungläubige aus den Nationen die Forderung der Bekehrung stellt, und Paulus ist doch in besonderem Sinne u n s e r Apostel, der für die gegenwärtige Gnadenzeit ein besonderes Evangelium von dem Herrn empfangen hat; davon wird im nachfolgenden noch gehandelt werden. Ebenso finden sich die griechischen Wörter für *Buße* und *Buße tun* nur an wenigen Stellen, 2. Kor. 7:9; 12:21 und 2. Tim. 2:25, in denen gläubige Christen, die sich Verfehlungen haben zuschulden kommen lassen, zur *Sinnesänderung* aufgefordert werden; Röm. 2:4 fragt Paulus den über die sündigen Heiden zu Gericht sitzenden stolzen Juden: „Weißt du nicht, daß dich Gottes Güte zur Buße leitet?" Wenn es sich um Erlangung der Rettung in Christus bei Heiden handelt, fordert der Apostel von denen, die das Evangelium, die frohe Botschaft, gehört haben, unter Verzicht auf alle anderen Hilfsmittel immer nur eins: Glauben. Das ist eine Tatsache, die man keinem zu beweisen braucht, der auch nur ein wenig in den Briefen des Apostels Bescheid weiß.

Die evangelische Kirche hat das Wort Röm. 3:28 auf ihre Fahne geschrieben: „So halten wir nun dafür, daß der Mensch gerecht werde ohne des Gesetzes Werke, allein durch den Glauben." Die Übersetzung Luthers ist hier dem Sinne nach durchaus richtig, wenn auch das „allein" nicht im griechischen Text steht. In der Versöhnung, die Gott dem Sünder um Christi willen anbietet, handelt es sich um einen Gnadenakt, der unüberbietbar ist. Vergebung der Sünde im Königreich kann zurückgezogen werden im Falle unwürdigen Verhaltens des Begnadigten; vgl. das Gleichnis vom Schalksknecht Matth. 18. Wen Gott auf Grund des Glaubens an den Gekreuzigten für gerecht erklärt, der ist für immer gerettet, für ihn gibt es nach Röm. 8:1 keine Verdammnis, keine Verurteilung mehr. Luthers Übersetzung: „So ist nun nichts *Verdammliches* an denen, die in Christus Jesus sind" ist ungenau und entspricht zudem nicht der Erfahrung. Es ist tief demütigend, denn gerade solche Gläubige, die nicht nach dem Fleisch, sondern nach dem Geist wandeln, werden bis ins hohe Alter hinein immer noch Verdammliches an sich finden. Um ein Beispiel anzuführen, sei hier erinnert an einen Mann wie den vor etwa 40 Jahren verstorbenen Theologieprofessor Martin Kähler, eine nach dem Urteil derer, die ihn kannten, wahrhaft geheiligte Persönlichkeit, der auf dem Sterbebett, aber nicht früher, den Ausspruch tat: „Jetzt ist nichts Ungöttliches mehr in mir."

Aber keine Verdammnis gibt es für die Glaubenden. Das spricht Paulus auch Röm. 8:28—30 aus, wenn er sagt: „die, welche Gott gerecht macht, die macht er auch herrlich", er bringt sie also durch bis zum herrlichen Ziel, und das hängt damit zusammen, daß sie „nach dem Vorsatz berufen" sind, d. h. miteinbezogen sind in einen unabänderlichen göttlichen Ratschluß. Die Rettung in Christus wird einmal für immer dem Glaubenden geschenkt. Das wird wiederum bestätigt durch die folgenden Verse 31—39, die Paulus schließt mit dem Worte: „Ich bin gewiß, daß weder Tod noch Leben . . . noch keine andere Schöpfung uns mag scheiden von der Liebe Gottes, die in Christus Jesus ist, unserem Herrn."

In der gegenwärtigen Heilszeit, die aber ihrem Ende zugeht, will Gott uns offenbaren, was es um Seine Gnade ist, und die geht über alles, was Menschen an Gnade anderen erweisen können, himmelhoch hinaus, ist *Gnade im höchsten Ausmaß*. Da darf der Mensch nichts aus seinem Eigenen mitbringen wollen, was er sich als Verdienst anrechnen könnte. Da dürfen *keine Werke* irgendwelcher Art mit in Anschlag gebracht werden, wie es Röm. 11:6 heißt: „Ist es aber aus Gnaden, so ist es nicht aus Verdienst der Werke, sonst würde Gnade nicht Gnade sein." Du darfst kommen, wie du bist, als großer oder vermeintlich nur kleiner Sünder, mit viel oder wenig Sündenerkenntnis; du magst vor Jahren schon dich entschlossen haben, nicht mehr der Sünde zu dienen oder bis jetzt unbekümmert deinem eigenen Willen gefolgt haben, gerettet wirst du nur durch den Glauben an den für dich gekreuzigten Gottessohn.

Vor Jahrzehnten kam einmal ein ernstes, frommes Mädchen zu mir, sehr betrübt, weil sie nicht wie so manche andere aus dem Jungfrauenverein der Rettung in Christus froh werden konnte. Ich konnte ihr zunächst nicht helfen, erst als sie noch einmal wiederkam und gelegentlich bemerkte, daß sie keine tiefe Sündenerkenntnis habe, ging mir ein Licht auf, und ich riet ihr, dessen ungeachtet zu dem gekreuzigten Herrn hinauszugehen und Ihm zu sagen: „Ich glaube, daß Du mit Deinem heiligen, teuren Blut und Deinem unschuldigen Leiden und Sterben mich erlöst hast"; das tat sie und, wie sie mir später sagte, sie war kaum aus dem Hause heraus, da strömte der Friede Gottes in ihr Herz hinein und sie war ihres Heiles gewiß und froh.

Es kommt alles auf den Glauben an. Wo Glaube ist, da schenkt Gott Seinen Heiligen Geist und damit *neues Leben*. Die Galater fragt Paulus (3:2): „Habt ihr den Geist empfangen durch des Gesetzes Werke oder durch die Predigt vom Glauben?" Durch den Geist wird die Liebe Gottes ausgegossen in unseren Herzen (Röm. 5:5), und die Liebe Gottes in Christus wirkt auf der einen Seite eine Reue, eine Sinnesänderung, wie sie der Mensch aus eigener Kraft niemals hervorzubringen vermag, und auf der anderen Seite drängt sie uns, hinfort Dem zu leben, Der für uns gestorben und auferstanden ist (2. Korinther 5:14—15). Dem Glauben wird die Verheißung des Herrn Joh. 14:27 erfüllt: „Den Frieden lasse ich euch, Meinen Frieden gebe Ich euch; nicht gebe Ich euch, wie die Welt gibt." Der Glaubende lernt eine Freude kennen, die ihm wohl durch allerlei Leid getrübt, aber doch nicht genommen werden kann. Er kann mit dem Apostel sprechen (Röm. 8:18): „Ich halte es dafür, daß dieser Zeit Leiden der Herrlichkeit nicht wert sei, die an uns soll geoffenbart werden."

Wenn solcher Reichtum dem armen, fried- und freudlosen Menschen, der voller Angst in eine dunkle Zukunft schaut, angeboten wird und er braucht nur zu glauben, um diesen Reichtum sein eigen nennen zu können, so erhebt sich freilich die Frage: Wie kommt es denn, daß unter den vielen, die den Christennamen tragen, verhältnismäßig so wenige sind, die freudig rühmen können, was alles Gottes Gnade in Christus ihnen geschenkt hat? Apg. 19 wird uns berichtet, daß Paulus in Ephesus mit einer Gruppe von etwa 12 Männern zusammentraf, die sich zur dortigen Christengemeinde hielten. In der Unterhaltung mit ihnen scheint ihn manches, was sie sagten, stutzig gemacht zu haben, so daß er sie schließlich fragte: „Habt ihr den heiligen Geist empfangen, als ihr gläubig geworden seid?" Sie antworten ihm, daß sie überhaupt noch nichts von dem Dasein des heiligen Geistes gehört hätten. Ich bin überzeugt, wenn jemand am Sonntag, wenn die Gemeinde in der Kirche versammelt ist, durch die Reihen ginge und an die einzelnen obige Frage richtete, es würde wohl eine große Verlegenheit entstehen und es würden nur wenige ein gewisses frohes Ja zur Antwort geben, in mancher Gemeinde vielleicht kein einziger. Ist es denn so schwer, eine frohe Botschaft zu glauben? Was soll denn geglaubt werden?

Gott hat in Christus die Welt Sich Selber versöhnt

Paulus schreibt 2. Kor. 5:19 ff: „Gott war in Christus, die Welt Sich Selber versöhnend, und rechnet ihnen ihre Sünden nicht an und hat in uns niedergelegt das Wort von der Versöhnung. Für Christus nun sind wir Gesandte; es ist, als ob Gott zuspräche durch uns. Wir flehen für Christus: Lasset euch versöhnen mit Gott! Denn den, der von keiner Sünde wußte, hat Er für uns zur Sünde gemacht, auf daß wir würden Gerechtigkeit Gottes in Ihm." Der Apostel nennt seine Botschaft das Wort vom Kreuz, 1. Kor. 1:18. Das Kreuz auf Golgatha ist Kern und Stern seiner Predigt: Ich hielt mich nicht dafür, daß ich etwas wüßte unter euch als allein Jesus Christus, den Gekreuzigten (1. Kor. 2:2); es sei ferne von mir zu rühmen, denn allein von dem Kreuz unseres Herrn Jesu Christi (Gal. 6:14).

Daß am Kreuze zu sterben ein furchtbar qualvoller Tod ist, braucht man keinem Menschen erst klarzumachen. Paulus setzt den Christen in Philippi die Bedeutung von Golgatha ins rechte Licht (2:5 ff.), indem er ihnen zunächst die Höhe zeigt, auf der Christus stand, als Er noch weilte in der Himmelswelt. Da war er in der Gestalt Gottes; wer Ihn sah, sah die Herrlichkeit Gottes, und die Gewaltigen der Himmelswelt, die höchsten Engelfürsten, beugen sich in tiefster Demut vor dem Sohne Gottes. Für Jesus war es eine Erniedrigung, daß Er Mensch geworden ist und arm und niedrig, als wäre Er einer wie wir, über die Erde hingegangen ist. Es war eine weitere Erniedrigung, daß Er Seine Seele im Tode hingab, Er, dem Gott gegeben hatte, das Leben zu haben in Sich Selbst (Joh. 5:26), so daß Er die Welt schaffen konnte mit allem, was in ihr ist. Und noch tiefer geht es hinab. Er erniedrigte Sich Selbst und ward gehorsam bis zum Tode, ja zum Tode am Kreuz. Diese grausame Art der Hinrichtung war im römischen Reiche ausschließlich für Sklaven und gemeine Verbrecher bestimmt. Kann man sich auch einen größeren Gegensatz vorstellen, einen tiefergehenden Abstieg, als ihn Jesus vollzogen: einst droben, heller leuchtend als die Sonne, umjubelt von den himmlischen Heerscharen, und jetzt auf Golgatha in Schimpf und Schande als ein Verbrecher am Kreuze hängend, umtost von Hohn- und Spottrufen einer wüsten Menge?

Aber das Schwerste von allem, was der Gekreuzigte zu leiden hatte, deutet der Apostel doch erst an mit dem Worte 2. Kor. 5:21: „Gott hat den, der von keiner Sünde wußte, für uns zur Sünde gemacht" und Gal. 3:13: „Er ward ein Fluch für uns", was der Herr selbst ausgesprochen, als er rief: „Mein Gott, Mein Gott, wozu hast du mich verlassen!" Das galt für die drei Stunden, da es finster ward über Golgatha und dem ganzen Lande. In Seinem ganzen Erdenleben stand Jesus in der innigsten Gemeinschaft mit Seinem himmlischen Vater; Er durfte Sich ihrer noch trösten auf dem Wege nach Gethsemane: „Ich bin nicht allein, denn der Vater ist bei Mir." Aber in jenen drei Stunden am Kreuze, da die Sonne sich verdunkelte, ward es dunkel auch in Seinem Herzen, das Bewußtsein der Nähe des Vaters, das bis dahin Seiner Seele Odem gewesen war, ward Ihm entzogen, denn jetzt stand Er im Gerichte Gottes, der heilige Herr und König der Menschheit für Sein sündiges Volk. Da behandelt Ihn Gott, als sei Er die verkörperte Sünde, da wird Er getauft mit der Taufe, von der Luk. 12:50 spricht, da mag Er in tieferem Sinne als einst Jeremia auf den Trümmern des zerstörten Jerusalems sprechen (Klagelieder 1:12–13): „Schauet doch und sehet, ob irgendein Schmerz sei wie mein Schmerz, der mich getroffen hat, denn der Herr hat mich voll Jammers gemacht am Tages Seines grimmigen Zorns. Er hat ein Feuer aus der Höhe in meine Gebeine gesandt und es lassen walten!" Was muß das für ein Leiden gewesen sein für unseren Herrn! Jeder andere wäre zermalmt worden unter dem Druck, der in jenen Stunden auf Ihm lag. Aber auch, was muß es den Vater gekostet haben, der doch kein Herz von Stein hat und mehr als wir mit den Leiden anderer fühlt, was muß es Ihn gekostet haben, der Seinen herrlichen Sohn, Sein so gehorsames Kind Jesus mehr liebt, als je ein Vater oder eine Mutter ihr Kind geliebt haben, Ihm nicht helfen zu dürfen in Seiner größten Not, ja Ihm Sein Leiden noch mehren zu müssen, um unsertwillen.

Auf Golgatha kannst du wie nirgend anders den Ernst Gottes gegen die Sünde sehen, um derentwillen er Seinen geliebten Sohn so unsagbar leiden läßt. Auf Golgatha kannst du aber auch wie nirgend anders Gott ins Herze sehen. Er ist nicht „der liebe Gott", wie man Ihn gewöhnlich nennt, die Bibel nennt Ihn auch nie so. Er kann hart sein bis zur Grausamkeit gegen Gute und Böse, gegen Gerechte und Ungerechte. Er hat sich hart gemacht gegen Seinen über alles geliebten Sohn, hart gemacht auch gegen Sich Selbst. Eben darum dürfen wir Ihm glauben, wenn Er spricht: „Ich weiß wohl, was für Gedanken Ich über euch habe, Gedanken des Friedens und nicht des Leides, daß Ich euch gebe das Ende, des ihr wartet (Jer. 29:11).

Gott ist gerecht, ein Rächer alles Bösen,
Gott ist die Lieb' und läßt die Welt erlösen.
Dies kann mein Geist mit Schrecken und Entzücken
am Kreuz erblicken. (Gellert)

Das ganze Weltall wird noch einmal staunen über die Seligkeit und Herrlichkeit, die Gott in Seiner Liebe über die Schöpfung ausgießen wird, aber größere Liebe kann uns Gott nie erweisen, als Er sie erwiesen hat auf Golgatha, da Er die Welt Sich Selber versöhnte durch das Blut Seines Sohnes. Es ist eine unerhörte, ungeheuerliche Botschaft. Nie wären Menschen aus sich darauf gekommen, eine solche Botschaft zu verkündigen. Laß sie dir ins Herz gehen und glaube sie! Es ist eine frohe, eine gute, eine herrliche Botschaft. Warum willst du zögern, sie anzunehmen, sie zu glauben?

Von den Heiden in Antiochien in Pisidien wird uns Apg. 13 erzählt, daß sie an zwei Sabbaten den Apostel Paulus die Rettung in Christus verkündigen hörten, und dann heißt es V. 48, nachdem Paulus ihnen gesagt, daß Christus nicht bloß den Juden, sondern auch den Nationen zum Licht und zum Heil gesetzt sei: „Da es aber die Nationen hörten, wurden sie froh und priesen das Wort des Herrn und wurden gläubig, wie viele ihrer zum äonischen Leben verordnet waren." Paulus und Silas waren in Philippi nach Apg. 16:12 nur etliche Tage; das genügte, um eine kleine, aber lebendige Christengemeinde ins Leben zu rufen. In Thessalonich waren die Apostel auch nur über drei Sabbate, und Paulus bezeugt den Leuten dort in seinem ersten Briefe, daß sie das Wort aufgenommen hätten mit Freuden im heiligen Geist.

Wieviele Beispiele von sog. „plötzlichen Bekehrungen" finden sich in der Bibel! Wem die frohe Botschaft klar verkündigt wird, der hat nicht Monate und Jahre nötig, um die Gnade Gottes zu ergreifen. „Wer Jesus am Kreuze im Glauben erblickt, wird heil zu derselbigen Stund." Darum, wenn dir das

Wort vom Kreuze gesagt ist, so entschließe dich, es zu glauben und damit auch dem Herrn zu glauben, zu vertrauen, der dir die Botschaft verkündigen läßt. Bedenke, wenn ein Bote Gottes dich bittet, die Gnade in Christus doch anzunehmen, es ist nicht anders, als wenn Gott, der große, allmächtige, heilige Gott, Selber dich anflehte: Laß dich mit Mir versöhnen! Laß dich durch nichts abhalten, zu dem für dich Gekreuzigten Herrn hinzutreten: „Herr, ich glaube, daß Du auch mich durch Dein Blut mit Gott versöhnt hast, ich danke Dir." So bist du mit Ihm *ausgesöhnt*. Er schenkt dir Seinen heiligen Geist und die Gewißheit deines Heils. Errettet durch den Glauben an den Gekreuzigten, kannst und sollst du dich aber nun auch ansehen als einen Menschen, der der Sünde gestorben ist und für Gott lebt in Christus. Fortan gilt dir das Wort des Herrn Matth. 5:16: „Lasset euer Licht leuchten vor den Leuten, daß sie eure guten Werke sehen und euren Vater im Himmel preisen" und die immer wiederkehrende Mahnung des Apostels Paulus, fleißig zu sein zu guten Werken, damit du Gott verherrlichst und von der Preisrichterbühne Christi dereinst nicht mit leeren Händen abtreten müssest (2. Kor. 5,10).

Die Allaussöhnung ist der große Plan Gottes mit der ganzen Welt. Ehe wir nun aber näher darauf eingehen, wollen wir zuvor eine Frage beantworten, die von großer Wichtigkeit ist für das richtige Verständnis der Lehre von der Allaussöhnung – es ist die Frage:

II.
Was sagt die Heilige Schrift vom Tode und von dem, was nach ihm kommt?

Leib, Seele und Geist

Nach 1. Mose 2:7 hat Gott den Menschen aus Erdreich vom Ackerboden geschaffen und ihm den lebendigen Odem in seine Nase eingeblasen. „Und also ward der Mensch eine lebendige Seele." Das heißt denn doch: Durch die Verbindung des göttlichen Hauches mit dem Erdenstaub, durch die Vereinigung des menschlichen Körpers mit dem Geiste Gottes, *ward* der Mensch eine lebendige Seele, eine ihrer selbst bewußte, mit Gefühl, Vernunft und Wille begabte Persönlichkeit. Der Mensch h a t biblisch betrachtet nicht eine Seele erhalten, als einen für sich neben dem Leib bestehenden Teil seines Wesens, sondern i s t Seele.

Ein Vertreter der Lehre von der Unsterblichkeit der Seele sagt gelegentlich: „Seele ist der Mensch als belebtes Wesen, und zwar unter dem Gesichtspunkt, daß durch den belebenden Gottesgeist der Mensch zu individuellem Leben gelangt, ein Einzelwesen wird." Das ist ganz richtig, wir möchten aber noch etwas deutlicher machen, was darin eingeschlossen ist. Der Mensch als Vereinigung von Leib und Geist *ist* Seele, ist lebendige, individuelle Persönlichkeit. Seele, Persönlichkeit ohne Leib, ohne Körper, ohne Materie gibt es nicht, ebensowenig aber gibt es Seele, lebendige Persönlichkeit ohne den Gottesgeist. Andererseits fällt weder der Leib mit der Materie zusammen, noch auch die Seele mit dem Geist. Nur vom Geiste Gottes belebte Materie kann noch als individuelle Persönlichkeit angesprochen werden, und ebenso kann der reine Geist, der nicht in einem einzelnen bestimmten Körper erscheinende Geist, individuell sein. Hieraus ergibt sich ohne weiteres, wie völlig unbiblisch es ist, wenn jener Verfechter der Unsterblichkeit der Seele fortfährt: „Die Seele ist also göttlichen Ursprungs, ein Hauch aus Gott, und kann deshalb nicht untergehen. Daraus entspringt der Glaube an die Fortdauer der Seele."

Hier ist die Seele verwechselt mit dem göttlichen Odem, dem Geiste, und diese Verwechslung ist die Ursache der unseligen Verwirrung, die schon in den ersten Jahrhunderten in die Lehre der christlichen Kirche eingedrungen ist. Die Seele ist nicht ein Hauch aus Gott, sondern sie ist das *Produkt der Vereinigung* des menschlichen Leibes mit dem göttlichen Geist, und von Unsterblichkeit der Seele kann deshalb keine Rede sein. Was fälschlich von der Seele gesagt wird, gilt wohl von dem Geiste. Er ist ein Hauch aus Gott, göttlicher Odem, und kann deshalb nicht untergehen, aber auch der Geist, den Gott den Menschen gegeben, hat individuelles Leben nur in Verbindung mit einem einzelnen, bestimmten Körper. Daß dies die Anschauung der Bibel ist, wird uns durch viele Stellen in ihr vom 1. Buch Mose an bis zur Offenbarung Johannes bestätigt.

Was geschieht beim Tode?

Jeder Teil des menschlichen Wesens kehrt zu seinem Ursprung zurück. Der Staub muß wieder zur Erde werden, wie er gewesen ist, der Geist geht wieder zu Gott, Der ihn gegeben hat, Pred. 12:7. Die Seele aber geht in den Scheol, griechisch Hades, das Ungewahrte, wie Knoch übersetzt (Apg. 2:27: Du wirst meine Seele nicht im Hades lassen, Luk. 16:23: als er nun im Hades und in der Qual war). Die Seele ist nun tot; wenn sie auch noch in irgendeiner für uns unerklärbaren Weise existiert, so hat sie doch kein Leben mehr. H. Langenberg führt in seinem Buch „Zu den Urquellen des Wortes" (Wernigerode) mehr als hundert Bibelstellen an, in denen davon geredet wird, daß die Seele stirbt, hingegeben, ausgerottet, getötet wird. Auf einige derselben sei hier hingewiesen, und zwar in wörtlicher Übersetzung:

3. Mose 24:17: wer die Seele eines Menschen erschlägt,
4. Mose 23:10: meine Seele müsse sterben des Todes der Gerechten,
4. Mose 31:19: jeder, der eine Seele getötet,
Jos. 10:30: schlugen alle Seelen,
Richt. 16:30: meine Seele sterbe mit den Philistern,
1. Kön. 19:4: bat, daß seine Seele stürbe,
Hiob 36:14: so wird ihre Seele in der Jugend sterben,
Ps. 78:50: ihrer Seele vor dem Tode nicht verschonte.

Eine Leiche wird auch geradezu „nephesch meth", eine tote Seele, oder einfach „nephesch", eine Seele, genannt.

4. Mose 6:6: er (der Nasiräer) soll zu keiner toten Seele gehen,
4. Mose 19:11: wer irgendeinen Toten, die Seele eines Menschen, anrührt.

Der gestorbene Mensch existiert nicht mehr als ein seiner selbst bewußtes, denkendes, fühlendes, wollendes Wesen. Eine ganze Reihe von Bibelstellen sprechen es mit aller Bestimmtheit und Deutlichkeit aus, daß die Gestorbenen durchaus tot sind, unfähig etwas zu denken, zu empfinden, zu tun. Wir führen nur einige wenige derselben an:

Ps. 30:10: wird Dir auch der Staub danken und Deine Treue verkündigen?

Ps. 88:11: werden die Verstorbenen aufstehen und Dir danken?

Ps. 88:13: mögen denn Deine Wunder in der Finsternis erkannt werden, oder Deine Gerichte in dem Lande, da man nichts gedenkt!

Ps. 115:17: die Toten werden Dich, Herr, nicht loben, noch die hinunterfahren in die Stille,

Pred. 9:5: die Toten wissen nichts,

Pred. 9:10: in dem Ungewahrten (hebr. Scheol), da du hinfährst, ist weder Werk, Kunst, Vernunft noch Weisheit,

Jes. 38:18: das Ungewahrte lobt Dich nicht, so rühmet Dich der Tod nicht, und die in die Grube fahren, warten nicht auf Deine Wahrheit.

Einwände und Gegenbeweise

Ihm leben alle

Nun wird man uns freilich den Einwand machen: „Was du da anführst, sind alles Stellen aus dem Alten Testament." Aber hat denn der Herr oder Seine Apostel hierüber auch nur im geringsten anders gelehrt? Man verweist wohl auf Luk. 20:38, wo Jesus von den Toten sagt: „Ihm (Gott) leben sie alle." Es ist schwer zu begreifen, wie sogar Theologen dieses Wort so mißverstehen konnten, als lehre der Herr damit ein Fortleben der Seele nach dem Tode. Die Sadduzäer suchten den Glauben an die Auferstehung lächerlich zu machen, indem sie zu dem Herrn kamen mit der erdichteten Geschichte von den sieben Brüdern, die nacheinander ein und dieselbe Frau geheiratet hatten, und nun die Frage aufwarfen: „Nun in der Auferstehung, wes Weib wird sie sein unter denen? Denn alle sieben haben sie zum Weibe gehabt." Was antwortet der Herr darauf? Zum Beweise, „daß aber die Toten a u f e r s t e h e n", Luk. 20:35, (ähnlich Mark. 12:26, Matth. 22:31) erinnert Er die Gegner daran, daß Gott sich Moses gegenüber als den Gott Abrahams, Isaaks und Jakobs bezeichnet hat, und fährt fort: „Gott aber ist nicht der Toten, sondern der Lebendigen Gott." Jesus will damit sagen: Die Erzväter sind gestorben, und was von ihnen übrig ist, das ist ein Häuflein Staub und Moder. Es wäre des großen Gottes unwürdig, sich nach ihnen zu nennen, wenn sie Staub und Moder *blieben*.

Das letztere ist auch aus einem anderen Grunde ausgeschlossen: „Gott nennt sich dem Mose gegenüber noch Jahrhunderte nach dem Tode der Erzväter nach ihrem Namen. Daraus geht hervor, daß das Leben jener Männer nicht bloß dem vorübergehenden Strom der zeitlichen Vergänglichkeit angehört, sondern zugleich auch eine Bedeutung für das Leben Gottes hat. Es besteht zwischen Ihm und diesen Männern ein so enges, persönliches Verhältnis, daß Er sich nach ihrem Namen nennt, daß sie also zusammen, Er und sie, eine Gemeinschaft des gleichen Namens, d. h. eine Familiengemeinschaft bilden. Er hat sie mit ihrem Namen gerufen, und da Er der ewige Gott ist, so muß auch dieses persönliche Verhältnis eine ewige Bedeutung haben. Das Wort, mit dem Er sie gerufen, klingt in alle Ewigkeit fort" (D. Carl Stange, die Unsterblichkeit der Seele, Gütersloh 1925). Gott, vor dem tausend Jahre sind wie ein Tag, sieht die Erzväter schon als solche, die wieder leben, nämlich die *auferstehen* werden. Für Gott leben sie jetzt schon, denn Er kann sie jeden Augenblick aus dem Tode erwecken, wie wir einen aus dem Schlafe.

So sagt ja auch der Herr von des Jairus Töchterlein: „Das Mägdlein ist nicht tot, sondern es schläft." Wenn Jesus und Seine Hörer an irgendein Fortleben der Seele der toten Erzväter geglaubt hätten, so hätten Seine Worte gänzlich der Beweiskraft entbehrt. Die Sadduzäer hätten Ihm entgegnen können: „Abraham, Isaak, Jakob leben ja doch, ihre Seele lebt ja, wenigstens nach Deiner Meinung; also brauchen sie doch nicht aufzuerstehen, damit Gott ein Gott der Lebendigen sei." Matthäus berichtet uns im Anschluß an dieses Streitgespräch, daß das Volk sich über Jesu Lehre entsetzte. Mit e i n e m Wort hat Er aus der Schrift, und zwar aus einem der Bücher Mose, die von den Sadduzäern allein als Gottes Wort anerkannt wurden, den Beweis erbracht, daß die Toten auferstehen müssen. Seine Beweisführung tut aber zugleich für uns schlagend dar, daß der Glaube an irgendein Leben der Seele im Tode Ihm völlig fremd war. Andererseits wäre ja Gott im Blick auf die Erzväter ein Gott der Lebendigen gewesen auch ohne deren zukünftige Auferstehung.

Der Leib und Seele verderben kann

Aber mahnt nicht der Herr selbst Matth. 10:28 Seine Jünger, daß sie sich nicht fürchten sollen vor denen, die wohl den Leib, aber nicht die Seele töten können? Spricht Er damit nicht die Unsterblichkeit der Seele aus? Wer dieser Ansicht ist, übersieht, daß gleich in den folgenden Worten von Gott gesagt wird, daß Er *Seele und Leib verderben* könne in der „Gehenna". Und in demselben Zusammenhang sagt der Herr (V. 39): „Wer seine Seele (nicht sein ‚Leben' – im Griechischen steht dasselbe Wort ‚psyche', das Luther vorher mit Seele übersetzt) verliert um meinetwillen, wird sie finden." Hier spricht also der Herr vom Verlieren der Seele, und Er kann dabei nur an ein Verlieren durch den Tod denken. Die Konkordante Wiedergabe übersetzt auch geradezu: „Wer seine Seele umbringt", was jedenfalls deutlicher ist als die an sich auch richtige Übersetzung Luthers. Der Herr kann also unmöglich haben sagen wollen, daß die Seele überhaupt nicht sterben könne. Was Er sagen will, das haben Seine damaligen Hörer ohne weiteres verstanden. Die gläubigen Juden schauten nach den Freuden und Herrlichkeiten des Messiasreiches aus. Ihre Feinde können sie töten, den Leib und damit auch die Seele, aber doch nur vorübergehend. Die Getöteten werden beim Anbruch des Königreiches auferweckt. Die *nächste Empfindung* nach dem Sterben ist für sie das freudige Erleben der herrlichen Auferstehung. Ihre Seele hat also durch den leiblichen Tod nichts verloren.

Zu größerer Klarheit in dieser Frage mag uns die Betrachtung des sinnverwandten Wortes Matth. 16:26 helfen. Da sagt der Herr: „Was hülfe es dem Menschen, so er die ganze Welt gewönne und ginge dabei doch seiner Seele verlustig, verwirkte, büßte dabei seine Seele ein (nicht wie Luther übersetzt: nähme doch Schaden an seiner Seele)? Oder was kann der Mensch geben, womit er seine Seele wieder löse?" Dieses Wort hat viele in der Anschauung bestärkt, die in der Verwechslung von Seele und Geist ihren Ursprung hat, daß die Seele das höchste, kostbarste, herrlichste Teil des Menschen sei, das vor aller Beschädigung, Verunreinigung, Verkümmerung bewahrt werden müsse.

Mancher Leser wird erstaunt sein, wenn wir sagen, daß die Bibel seelische Menschen, d. h. solche, die sich von der Seele, ihren Regungen, Begierden und Empfindungen regieren lassen, nicht eben hoch bewertet. Und doch ist es so. Im Brief des Judas, Vers 18 und 19, ist die Rede von Spöttern, die nach ihren eigenen Lüsten des gottlosen Wesens wandeln . . . Seelischen (Luther: Fleischlichen), die da keinen Geist haben. Jakobus gebraucht 3:15 die Bezeichnung seelisch in einem Atemzug mit *irdisch und dämonisch* (Luther: irdisch, m e n s c h l i c h, teuflisch).

Paulus stellt den seelischen Menschen in direkten Gegensatz zu dem geistlichen, wenn er 1. Kor. 2:14,15 sagt: „Der s e e l i s c h e (Luther: natürliche) Mensch vernimmt nichts vom Geist Gottes, der geistliche aber richtet alles", und 1. Kor. 15:45: „Der erste Mensch Adam ward zu einer lebendigen S e e l e und der letzte Adam zum Geist, der da lebendig macht." Luthers Übersetzungen des griechischen Wortes *psychikos*, seelisch, in den angeführten Stellen mit „menschlich" und „natürlich" ist einfach falsch, und es ist schwer zu verstehen, daß das Probetestament und andere neue Übersetzer in der Stelle 1. Kor. 15:44,45 die Übersetzung „natürlich" beibehalten haben, da es geradezu sinnlos ist, den Apostel sagen zu lassen: „Gibt es einen natürlichen Leib, so gibt es auch einen geistlichen Leib. Wie es geschrieben steht: Der erste Mensch, Adam, ward zu einer lebendigen Seele (1. Mose 2:7) und der letzte Adam zum Geist, der da lebendig macht." Nur wenn wir übersetzen: Gibt es einen s e e l i s c h e n Leib . . ., so paßt auch das „Wie es geschrieben steht, der erste Mensch, Adam, ward zu einer lebendigen S e e l e".

Der Sinn von Matth. 16:26 ist wesentlich kein anderer als der von Pred. 6:2: „Einer, dem Gott Reichtum, Güter und Ehre gegeben hat, und mangelt ihm keines, das sein Herz begehrt, und Gott ihm doch nicht Macht gibt, desselben zu genießen, sondern ein anderer verzehret es; das ist eitel und ein böses Übel." Man denke auch an das Wort an den reichen Kornbauern, Luk. 12:20: „Diese Nacht wird man deine Seele von dir fordern, und wes wird's sein, das du bereitet hast?" Wenn des Menschen Sohn kommen wird in der Herrlichkeit seines Vaters mit seinen Engeln und das verheißene Königreich auf Erden aufrichtet, was nützt es denen, die im Tode bleiben, weil sie ihn verworfen haben, oder als seine Feinde hingerichtet und in die Gehenna geworfen werden? „Das größte Besitztum ohne einen

Besitzer, der es genießt, ist nichts", sagt Zahn in seinem Matthäuskommentar zu Matth. 16:26. Ist der Leib tot, so ist auch die Seele dahin.

Es geht schlechterdings nicht an, die weit über hundert Schriftworte, die einstimmig und eindeutig aussagen, daß die Toten wirklich t o t sind, totschlagen zu wollen mit etwa einem Dutzend Schriftstellen, die für das Weiterleben der Seele im Tod zu sprechen *scheinen*. Man sollte sich doch darüber klar sein, daß man auf diese Weise nur die Bibel mit sich selbst in Widerspruch zu bringen sucht. Die anscheinend widersprechenden Stellen müssen und können anders erklärt werden, als es gewöhnlich geschieht.

Heute mit Mir im Paradiese

Da ist vor allem das Wort des Herrn an den Schächer, Luk. 23:43. Die herkömmliche Übersetzung: „Ich sage dir, heute wirst du mit Mir im Paradiese sein" ruht auf der unbiblischen Anschauung, daß der Herr im Sterben in ein Paradies gegangen sei, das man sich gewöhnlich als einen Ort der Seligkeit im Hades oder im Himmel vorstellt. Nach der Pfingstpredigt des Petrus ist aber der Herr an Ostern nicht aus einem Paradies wieder zu den Jüngern gekommen, sondern Gott hat Ihn auferweckt, indem Er die Bande (wörtlich: die Wehen) des Todes löste. Jesus war wirklich tot, als man Ihn vom Kreuze abnahm, in einem Zustande völliger Bewußtlosigkeit; eben deshalb hat Er auch in Seinem letzten Kreuzeswort Seinen Geist in des Vaters Hände befohlen, etwas ganz Sinnloses, wenn Er geglaubt hätte, als Gestorbener noch Selbst Seines Geistes mächtig zu sein. Gott aber hat Seine Seele nicht im Ungewahrten, im Hades gelassen – Luther ungenau: „im Tode" – Apg. 2:27,31.

Die Bibel weiß nichts von einem Paradies im Hades oder auch in der Himmelswelt. Das sind rabbinische Anschauungen, die mit dem Eindringen des griechischen Unsterblichkeitsglaubens unter den Juden aufgekommen sind. Das Wort Paradies stammt aus dem Persischen und dient zur Bezeichnung eines parkartigen Gartens. Den Juden wurde es wahrscheinlich zur Zeit der babylonischen Gefangenschaft bekannt und von ihnen zur Bezeichnung des *Gartens in Eden* übernommen. In der hebräischen Bibel kommt es überhaupt nicht vor, wohl aber in der Septuaginta, der griechischen Übersetzung des Alten Testamentes. Hier steht es z. B. 1. Mose 2:8,9; 10:15; 3:1,2,3,8,10,23,24 für den Garten in Eden, ebenso Jes. 51:3: „Der Herr tröstet Zion, Er tröstet alle ihre Wüsten und machet ihre Wüsten wie das Paradies" (Luther: wie Eden). Ferner findet sich der Ausdruck Paradies in der Septuaginta Hes. 28:13, wo Luther übersetzt: „Du (der Fürst von Tyrus) bist im Lustgarten Gottes", Menge: „In Eden, dem Garten Gottes, befandest du dich" und Hes. 31:8,9, wo beide Übersetzer „Paradies" mit „Garten" wiedergeben. An allen diesen Stellen bezeichnet das Wort eine Örtlichkeit auf der Erde.

Wir haben auch keine Veranlassung, an den beiden anderen Stellen des Neuen Testamentes, wo das Wort vorkommt, Offb. 2:7 (Offb. 22:2 liegt der Gedanke an das Paradies auf der neuen Erde vor, ohne daß jedoch das Wort selbst gebraucht wird) und 2. Kor. 12:4, das Paradies irgendwo anders zu suchen. Was Paulus 2. Kor. 12:2 vom dritten Himmel schreibt, verstehen wir entsprechend 2. Petr. 3:5–7 z e i t l i c h und nehmen an, daß dem Apostel Paulus – wie später dem Johannes – ein Blick in die Herrlichkeit des Äons des neuen Himmels (2. Kor. 12:2) und der neuen Erde (12:4) geschenkt ward.

Warum sollen wir für Luk. 23:43, wenn von der Bibel her eine befriedigende Erklärung dieser Stelle möglich ist, unsere Zuflucht zu den Phantasien jüdischer Rabbiner nehmen? Auch wenn man den Herrn die jüdische Anschauung teilen läßt, „daß alle, die im Paradiese sind, Abraham eingeschlossen, auf die Auferstehung hoffen und daß das Paradies nur der Bewahrungsort für die Frommen ist, wie der Hades für die anderen, und am Tage des Messias alle auferstehen werden, die einen, um dann auf der neuen Erde unter der Herrschaft des Messias zu leben, die anderen, um ihr Gericht zu empfangen", entkräftet man die Beweisführung des Herrn in dem vorhin behandelten Wort an die Sadduzäer (Luk. 20:35) und läßt den Lukas in seinem Evangelium einander widersprechende Worte Jesu berichten; denn Seelen, die im Paradiese hoffen, müssen irgendwie lebendig sein, und Gott wäre, wie schon gesagt, der Gott der Lebendigen, auch ohne daß die Erzväter auferstehen.

Der Schächer hat an Jesus die Bitte gerichtet: „Gedenke an mich, wenn du kommst in deinem Königreich." Welch ein Trost muß dem mit der volkstümlichen Vorstellung von der paradiesischen Herrlichkeit des messianischen Reiches vertrauten Schächer die Antwort des Herrn gewesen sein: „Wahrlich, Ich sage dir heute: Mit Mir wirst du im Paradiese sein." Diese Lesart findet sich schon in den „Acta Pilati" aus dem 2. Jahrhundert; ferner wird sie angeführt von Hesychius von Jerusalem um 400 und Ephraem dem Syrer, gestorben 375. Da in den alten griechischen Handschriften sich kein Komma oder Punkt findet – die jetzt gebräuchliche Interpunktion ist jedenfalls nicht vor dem 8. Jahrhundert anzusetzen –, darf man auch gegen unsere Übersetzung nicht einwenden, sie bedeute eine Verrückung von Grenzsteinen, denn in der Bibel stehe doch: „Heute wirst du mit Mir im Paradiese sein." In der Bibel steht weder das eine noch das andere. Wir haben vielmehr Komma oder Punkt so zu setzen, wie es mit den sonstigen biblischen Anschauungen übereinstimmt. Will aber jemand gegen unsere Übersetzung einwenden, Jesus habe sonst niemals die Redewendung gebraucht: „Ich sage dir h e u t e", so ist darauf zu erwidern, daß der Herr niemals dazu solche Veranlassung hatte wie an diesem für Ihn, für den Schächer und die ganze Welt so bedeutsamen Tage. Im übrigen vergleiche man dazu 5. Mose 4:26,40; 6:6; 8:19; 11:26.

Durchaus beachtenswert scheint uns auch der Hinweis von H. Schaedel in seiner Schrift „Die Totenauferstehung" (Kurt

Reith Verlag, Wüstenrot 1947), daß an den beiden Stellen gerade im Lukasevangelium 4:21: „Er fing an zu sagen zu ihnen: Heute ist diese Schrift erfüllt" und 19:9: „Jesus sprach zu ihm: Heute ist diesem Hause Heil wiederfahren" vor dem „heute" das Wörtchen *hoti* steht, das im Griechischen zur Einleitung der direkten Rede dient und als solches nicht übersetzbar ist: Luk. 23:43 fehlt dagegen das *hoti* vor „heute". Es ist schwer zu verstehen, daß der Evangelist hier das *hoti* ausgelassen haben würde, wenn er dem Herrn sagen lassen wollte: „Heute wirst du mit Mir im Paradiese sein." Nach allen Seiten hin erweist sich diese Übersetzung als unhaltbar.

Der reiche Mann und der arme Lazarus

Neben dem Worte Jesu an den Schächer ist es besonders das Gleichnis vom reichen Mann und armen Lazarus, das für die Lehre von der Unsterblichkeit der Seele angeführt wird. Dazu ist zunächst zu sagen, daß von Seelen der Verstorbenen hier überhaupt keine Rede ist. Aber gesetzt auch, daß wir anzunehmen hätten, die Seelen würden nach dem Tode bis zur Auferstehung mit einer Art Zwischenleib bekleidet – sobald wir den Fall setzen, der Herr habe uns in diesem Gleichnis eine der Wirklichkeit entsprechende Schilderung des Lebens nach dem Tode geben wollen, geraten wir in unlösbare Schwierigkeiten. Es heißt von dem Reichen: „als er nun in der Hölle (wörtlich: im Hades) und in der Qual war." Es ist sehr zu bedauern, daß Luther die zwei Wörter des Neuen Testamentes, *Hades* und *Gehenna*, mit ein und demselben Wort Hölle übersetzt, als wenn zwischen diesen kein Unterschied wäre. Geradezu unverantwortlich aber erscheint es uns, daß die Revisoren der Lutherbibel bis in die neueste Zeit hinein nicht davon abgegangen sind und so dem einfachen Bibelleser es unmöglich machen, festzustellen, was die Bibel an den betreffenden Stellen wirklich sagt. Der Hades, hebräisch Scheol, ist kein Ort der Qual; er ist nach Hiob 30:23 das bestimmte Haus aller, wo alle Ruhe und Frieden haben (Hiob 3:13–18). Als zukünftigen Strafort bezeichnet Jesus nicht den Hades, sondern die „Gehenna". Daß der Reiche im Hades Qual leidet, widerspricht nach dem früher Gesagten ganz und gar den Anschauungen des Alten Testamentes wie des Herrn selbst. Die Toten haben keinerlei Leben, sie sind unfähig, irgend etwas zu denken, zu reden, zu handeln. Warum aber und wozu redet der Herr hier in solcher Weise?

Unser Gleichnis ist das letzte in einer Reihe von fünf Gleichnissen im 15. und 16. Kapitel des Lukasevangeliums, die es alle mit zwei verschiedenen Gruppen im Volke Israel zu tun haben, den selbstgerechten Pharisäern und Schriftgelehrten und den bußfertigen Zöllnern und Sündern. In den drei ersten Gleichnissen vom *verlorenen Schaf, verlorenen Groschen* und *verlorenen Sohn* deckt der Herr das gottwidrige Verhalten Seiner Gegner auf. Der ganze H i m m e l freut sich über e i n e n Sünder, der Buße tut; s i e wissen nichts von solcher Freude, sie murren über den Herrn, der die Sünder annimmt. In sehr ernster und scharfer Weise geht Er mit ihnen ins Gericht im vierten Gleichnis. Der *ungerechte Haushalter* wird angeklagt, die Güter Seines Herrn umgebracht zu haben. Die Pharisäer und Schriftgelehrten haben sich als ungetreue Verwalter in der Haushaltung des Gesetzes erwiesen, sie haben die Güter ihres Herrn, die ihnen in Gesetz und Propheten anvertraut waren, umgebracht. Sie haben den Schlüssel der Erkenntnis weggenommen; sie selbst kommen nicht in das Königreich Gottes hinein und wehren denen, die in dasselbe hineingehen wollen. Sie suchen Ehre bei den Menschen, aber nicht bei Gott. Sie heben wichtige Gottesgebote auf oder lassen sie doch zurücktreten hinter ihren Menschengeboten. Mit allerlei äußeren Frömmigkeitsübungen suchen sie vor den Leuten zu glänzen, aber inwendig sind sie voller Heuchelei und Gesetzlosigkeit. Ihnen gegenüber betont der Herr, eben auch im Anschluß an das vierte Gleichnis: „Es ist leichter, daß Himmel und Erde vergehen, denn daß ein Tüttel vom Gesetz hinfalle." Für sie heißt es jetzt: „Tue Rechnung von deinem Haushalten!" An ihnen ist es jetzt, Buße zu tun, wörtlich: umzusinnen, sich umzustellen, wie es der ungerechte Haushalter tat. Nicht so freilich, wie man es meist auffaßt, daß er einen neuen Betrug verübte; dafür hätte ihn sein Herr sicherlich nicht gelobt. Wir müssen es uns vielmehr so denken, daß der Haushalter für den ganzen Besitz, den er verwaltet, dem Herrn eine bestimmte Pachtsumme zu bezahlen hatte. Diese mußte er wieder herauswirtschaften, dazu den Lebensunterhalt und Verdienst für sich selber. Seine Ungerechtigkeit bestand darin, daß er Raubbau getrieben hatte. Für die Ländereien, die er verpachtete, hatte er zu hohe Summen gefordert, was zur Folge hatte, daß die Pächter ihrerseits die Ländereien aussogen und verkommen ließen. Jetzt, ehe seine Amtszeit zu Ende geht, erleichtert er den Pächtern die Bedingungen. Er verliert dadurch allerlei Einnahmen. Daß er die Schuldner fragt: „Wieviel bist du meinem Herrn schuldig?", spricht nicht gegen unsere Auffassung; diese Redeweise ist von orientalischer Höflichkeit gegenüber dem Herrn diktiert, aber andererseits schafft er sich dadurch Freunde unter den Pächtern, von denen er hofft, daß sie ihn in ihre Häuser nehmen, wenn er stellenlos und ohne Verdienst dasteht. An ihm sollen die Pharisäer und Schriftgelehrten sich ein Beispiel nehmen und ihren Sinn ändern, solange es noch Zeit ist. Die Haushaltung des Gesetzes und der Propheten geht zu Ende, wie bald kann das so sehnsüchtig erhoffte Messiasreich in die Erscheinung treten! Da werden die von den geistlichen Führern Israels jetzt verachteten Zöllner und Sünder, die sich zu Jesus halten, eine andere Stellung einnehmen. Ändert euern Sinn! fordert der Herr von seinen Gegnern, damit jene euch aufnehmen in die ewigen Hütten, wörtlich: die äonischen Zelte.

Es kann keine Rede davon sein, daß der Herr hier an *Wohnungen im Himmel* denkt, in die man sich Eingang verschaffen könnte durch eine Handlungsweise entsprechend der des ungetreuen Haushalters. Nein, der zukünftige Äon, von dem so manchmal im Neuen Testament gesprochen wird, das Zeitalter des Königreiches Gottes, das der Messias auf Erden errichten wird, ist ja in Sicht. Da werden die Leute, die der Herr in der Bergpredigt, Matth. 5:3—12, selig preist, obenauf sein; die sollen Pharisäer und Schriftgelehrte sich zu Freunden machen, damit sie ihnen helfen zu einer Stellung im messianischen Reiche. Ob der eine oder andere unter den Hörern dieses Gleichnisses es sich zu Herzen genommen hat? Das Königreich Gottes war Israel nahe, als Jesus auftrat, aber das Volk schlug seinen König ans Kreuz. Zum zweitenmal ward das Königreich in der Pfingstpredigt des Petrus angeboten, dem der Herr die Schlüssel des Königreiches anvertraut hatte. Zehntausende wurden in der Pfingstzeit an Jesus gläubig, es geschahen wieder Zeichen und Wunder, man schmeckte etwas von den Kräften des zukünftigen Äons (Hebr. 6:5). Da aber das Volk im großen und ganzen in Unglauben und Unbußfertigkeit beharrte, kam das Gericht über Israel, und die Aufrichtung des Königreiches wurde für nun schon 19 Jahrhunderte hinausgeschoben. Immerhin ist es bemerkenswert, daß, wie Apg. 15:5 berichtet wird, bei dem sog. Apostelkonzil in Jerusalem um das Jahr 45 auch „einige von der Sekte der Pharisäer, die gläubig geworden waren", auftraten.

Ihr seid es auch, die der Buße bedürfen, so klingt es auch aus dem Gleichnis vom reichen Mann den Pharisäern entgegen; Mose und die Propheten, die müßt ihr hören. Aber nun bewegt sich dieses Gleichnis in Anschauungen, die Mose und den Propheten völlig widersprechen. Wie ist das zu erklären? Wir finden ähnliche Anschauungen im Buche Henoch, das den Aufenthaltsort der Verstorbenen als aus vier tiefen Hohlräumen bestehend schildert, von denen drei dunkel sind, einer hell. In den dunklen Räumen sind die Sünder; die helle Abteilung, in der sich auch eine Wasserquelle befindet, ist für die Gerechten. Der Geschichtsschreiber des jüdischen Volkes, Josephus, der allerdings erst 37 n. Chr. geboren ist, redet in einer

Schilderung des Totenreiches auch vom Schoße Abrahams und der großen Kluft zwischen den verschiedenen Aufenthaltsräumen. In der „Abrahamslegende" darf der Erzvater, wenn die Seelen der Ungerechten genügend gebüßt und ihre Sünden gesühnt haben, in den Hades hinabsteigen und sie zu sich heraufholen.

Will der Herr in unserem Gleichnis solcherlei Anschauungen bestätigen? *Das ist eine Unmöglichkeit;* das haben auch die Gegner des Herrn nicht angenommen. Sie haben gewiß die Worte des Herrn richtig verstanden als einen Vorwurf, daß sie selbst das Volk in solcher Weise lehrten; der mehrfache Hinweis auf das Gesetz, auf Mose und die Propheten in Lukas 16 macht das mehr als wahrscheinlich. Aber der Herr stellt sich nun einmal auf i h r e n Standpunkt. Er bedient sich der ihnen geläufigen Bildersprache, um ihnen das Schicksal vor Augen zu stellen, das ihnen droht, wenn sie nicht umkehren von ihren Wegen, und der gewaltige Ernst Seiner Worte wird wohl bei diesem und jenem seinen Eindruck nicht verfehlt haben. Sie müssen ja in dem Reichen, den der Herr ihnen schildert, ihr eigenes Bild erkennen. Könige trugen Purpurgewänder, die Priester Israels kleideten sich in feines Linnen. Als die Könige und Priester im kommenden Messiasreiche aber betrachteten sich die Pharisäer. Wie furchtbar wird ihr Erwachen aus dem Tode sein!

Der reiche Mann kommt an einen Ort der Qual, und seine Qual zu vermehren, sieht er den armen Lazarus, der vor seiner Tür gelegen, mit den Geschwüren Ägyptens bedeckt – in den Augen des reichen Mannes ein Zeichen, daß Gottes Gericht ihn getroffen –, im Genuß der für einen Israeliten denkbar höchsten Seligkeit, im Schoße Abrahams. Diesen von den Pharisäern für sich erhofften Ehrenplatz im messianischen Reiche weist der Herr im Gleichnis den von jenen so verachteten bußfertigen und gläubigen Zöllnern und Sündern zu. Was der Herr einst mit dürren Worten den Gegnern, Matth. 21:31 gesagt: „Die Zöllner und Huren mögen wohl eher ins Himmelreich kommen als ihr", das hält Er ihnen hier im Bilde vor. Und sie sollen sich ja nicht auf den Vater Abraham berufen, der nach der Legende sie aus der Qual erlösen kann. Die Bitte des Reichen um Linderung seiner Pein durch Lazarus wird im Gleichnis von dem Erzvater entschieden abgelehnt. Jetzt findet ein gerechter Ausgleich statt, und daran wird nichts geändert. Der Reiche hat alles Gute, das er im Erdenleben genossen, als etwas, was er verdiente, hingenommen; er hat sich nicht durch Gottes Güte zur Buße leiten lassen, darum leidet er jetzt Pein. Lazarus, auf deutsch „hilflos", hat alles Schwere, das ihm von Gott und Menschen auferlegt war, ohne Murren und Fluchen getragen, darum wird er jetzt getröstet.

Und auch die Bitte des Reichen, den Lazarus zu seinen Brüdern zu schicken, um sie zu warnen – es ist so zu verstehen, daß der Geist des Lazarus ihnen erscheine und zu ihnen rede –, wird von Abraham schroff abgelehnt: „Laß sie Mose und die Propheten hören. Hören sie Mose und die Propheten nicht, so werden sie auch nicht überzeugt werden, so jemand aus den Toten auferstände." Mit diesen letzten Worten kommt plötzlich ein fremder Ton ins Gleichnis. Hier ist nicht von einem Fortleben der Seele die Rede, sondern von Auferstehung. Hier bringt der Herr zum Ausdruck, was Mose und die Propheten sagen und was Er Selber lehrt: Es gibt für die Toten kein Leben ohne durch Auferstehung. Und in dieser Weise läßt Er Abraham zu dem reichen Mann reden, Abraham, von dem es im Hebräerbriefe (11:19) heißt: „Er rechnete damit, daß Gott auch aus den Toten aufzuerwecken mächtig sei." So wird das Gleichnis, auf das sich die Anhänger der Lehre von der Unsterblichkeit der Seele gerne berufen, zu einem Appell an die Pharisäer, auch nach dieser Seite hin auf Mose und die Propheten zu hören.

Er wird den Tod nicht sehen

Auch die Worte Jesu Joh. 8:51 und 11:26 beweisen nichts für das leiblose Fortleben der Seele im Tode. Das erstere, von Luther übersetzt: „So jemand mein Wort wird halten, der wird den Tod nicht sehen ewiglich", lautet in wörtlicher Übersetzung: „Wenn jemand an mich glauben sollte, wird er gewiß den Tod nicht sehen für den Äon", d. h. für das Zeitalter, die tausend Jahre des messianischen Reiches. Das zweite – Luther: „Wer da lebet und glaubet an mich, der wird nimmermehr sterben" – muß in dem Nachsatz ebenfalls übersetzt werden: „der wird für den Äon nicht sterben." Diese Worte handeln von der Auferstehung und von dem Leben im Äon des Königreiches, aber nicht von einem der Bibel gänzlich unbekannten Zwischenzustand zwischen Tod und Auferstehung. Als der Herr diese Worte sprach, war ja das Königreich noch in Sicht. Es konnte, wie schon oben bemerkt, auch in der Pfingstzeit noch anbrechen (Apg. 3:19–21). Alle damals lebenden Gläubigen hätten dann für den ganzen Äon des tausendjährigen Reiches dauerndes Leben bekommen, das selbstverständlich nie mehr von ihnen genommen werden sollte. Die aber schon verstorbenen Gläubigen wären auferweckt worden, um nie mehr zu sterben.

Daß der Herr nicht daran gedacht hat, den an Ihn Glaubenden jetzt schon vor der Errichtung des Königreiches, bzw. vor der Auferstehung, ein Leben mitzuteilen, das auch im Tode nicht endet, geht klar aus Mark. 10:30 hervor, wo Er den Seinen hundertfältigen Ersatz verheißt schon in dieser Zeit für alles, was sie um Seinetwillen aufgeben, und **in dem kommenden Äon** (Luther: in der zukünftigen Welt) ewiges (wörtlich: äonisches) Leben. Das ist also nicht etwas, was die Gläubigen jetzt schon als wirklichen Besitz haben und genießen. Es ist ihnen zugesprochen, sie haben ein Anrecht darauf, aber in den Besitz und Genuß desselben treten sie erst ein,

wenn der Herr wiederkommt. Deshalb spricht auch Johannes
(1. Joh. 2:25) vom „ewigen" Leben als einer Verheißung.

Viele Wohnungen in des Vaters Haus

Nirgends im Neuen Testament lesen wir etwas davon, daß
die Seelen der Frommen nach dem Tode in den Himmel kommen. Das Wort des Herrn, Joh. 14:2: „In meines Vaters Hause
sind viele Wohnungen", wird zwar fast allgemein so verstanden, als ob im Himmel für die Jünger Wohnungen bereitet seien, in denen sie nach dem Tode beim Vater leben sollen.
Aber das ist ein Gedanke, der nicht nur dem Herrn und Seinen Jüngern, sondern überhaupt dem bibelgläubigen Judentum
völlig fremd war. In der Bergpredigt verheißt der Herr den
Sanftmütigen, daß sie das E r d r e i c h (Menge, Reinhardt: die
Erde, Wiese – Weizäcker: das Land) besitzen sollen. Alle Segnungen, die Israel verheißen sind, *liegen auf der Erde.* Im Heiligen Lande wird der Messias die Königsherrschaft Gottes aufrichten. Man lese nur die Psalmen 72:96–99; Jes. 33; 35; 60–62
und überhaupt die Propheten. Es ist ein Unrecht, alle die Verheißungen, die dem jüdischen Volke nach dem Fleisch gegeben
sind (vgl. Röm. 9:1–7), geistlich zu deuten und dem „geistlichen Israel", unter dem man in unbiblischer Weise die Gläubigen aus den heidnischen Nationen oder die christliche Kirche
versteht, zuzuschreiben. Durch diesen an den Juden begangenen Diebstahl ist wahrlich die Kirche nicht reicher geworden,
sondern hat vielmehr den Blick verloren für die größeren Güter, die den Gläubigen aus den Nationen in dem gegenwärtigen
Gnadenhaushalt verheißen sind.

Wie die unbiblischen Gedanken über das „in den Himmel
kommen" uns in Fleisch und Blut übergegangen sind, zeigt vielleicht nichts so deutlich wie die Tatsache, daß man – von
ihnen beeinflußt – geradezu falsche Übersetzungen als solche
vielfach nicht mehr empfindet. Das griechische Wort „nyn"
heißt zu deutsch: *nun, jetzt.* Luther aber macht Luk. 6:21 aus

dem „jetzt" ein „hier": „Selig seid ihr, die ihr h i e r hungert, denn ihr werdet satt werden. Selig seid ihr, die ihr h i e r weinet, denn ihr werdet lachen." Und die Revisoren der Lutherbibel haben im „Probetestament" aus dem Jahre 1938 das nicht geändert. Der Gegensatz, der im Urtext ein zeitlicher ist, wird auf diese Weise in einen räumlichen umgebogen. Die Meinung des Herrn ist: Die ihr j e t z t hungert, j e t z t weinet, werdet in der Zukunft, wenn das Königreich Gottes da ist, satt werden, lachen. Die ungenaue Übersetzung leitet dazu an, den Herrn so zu verstehen, als sagte Er: Die ihr hier, nämlich unten, auf der Erde, hungert und weinet, werdet droben im Himmel satt werden und lachen. Der Hebräerbrief sagt von den Helden des Glaubens (11:13): „Diese alle sind gestorben im Glauben und haben die Verheißung n i c h t e m p f a n g e n, sondern sie von ferne gesehen und sich ihrer getröstet." Und wenn sich jemand darauf berufen wollte, daß doch Vers 16 die Rede ist von einem himmlischen Vaterland, das jene suchten, und 12:22 von dem himmlischen Jerusalem, so ist darauf zu erwidern, daß diese Stadt allerdings himmlisches Gepräge hat, aber nach Offb. 21:2 vom Himmel herabkommt auf die Erde. So ist es auch völlig ausgeschlossen, daß der Herr, wenn Er von den vielen Wohnungen in des Vaters Hause spricht, dabei an Wohnungen im Himmel denkt, die die Jünger nach ihrem Tode beziehen sollen.

Dem Herrn ist es ja in den Abschiedsreden überhaupt nicht darum zu tun, die Jünger im Blick auf i h r Sterben zu trösten, sondern im Blick auf S e i n e n e i g e n e n Tod. Er wird sie verlassen und sie bleiben allein auf der Erde zurück. Ihr Herz ist beunruhigt wegen des Schicksals, das ihnen droht. Was soll aus ihnen werden, wenn man sie nun auch verfolgt wie ihren Herrn, wenn man sie aus der Synagoge ausstößt, wenn in der Heimat ihres Bleibens nicht mehr ist? Darüber will der Herr sie beruhigen. In des Vaters Hause sind viele Wohnungen. Das Bild ist hergenommen von dem Tempel zu Jerusalem mit den zahlreichen Zellen, die ihn umgaben und vielen Priestern und Leviten, die am Heiligtum dienten, Wohnung boten; Joh. 2:16 nennt der Herr den Tempel geradezu seines Vaters Haus. Diese den Jüngern geläufige Vorstellung will der Herr erweitern. Des Vaters Haus ist größer als der Tempel, größer als Jerusalem, größer als das Heilige Land. Es wird schon eine Stätte dasein, wo sie wirken können; wo nicht, so wird Er, Jesus, sie ihnen bereiten. Und Er Selbst wird ja wiederkommen und sie mit aufnehmen in das Reich der Herrlichkeit, das dem gläubigen Israel *auf Erden* verheißen ist.

Sterben, um bei Christus zu sein

Und wie der Herr über den Tod denkt, so alle Seine Apostel, so das ganze Neue Testament. Was zunächst Paulus betrifft, so sollte schon der eine Abschnitt 1. Thess. 4:13–18 genügen, um uns völlige Klarheit darüber zu geben, was der Apostel für sich und die Gläubigen von der Zukunft erwartet. In der jungen Christengemeinde zu Thessalonich waren einige Todesfälle vorgekommen, und man war besorgt über das Schicksal der Verstorbenen. Paulus war ja nur wenige Wochen dort tätig gewesen und hatte die Gemeinde nicht in den ganzen Ratschluß Gottes einführen können; dazu war überhaupt die Zeit noch nicht gekommen. Was schreibt nun Paulus den Thessalonichern, damit sie nicht traurig seien wie die andern, die keine Hoffnung haben? Etwa: Ihr habt keinen Grund, euch Gedanken zu machen über eure Toten, die sind ja daheim bei dem Herrn, sie sind selig in Seiner Gegenwart, sie schauen jetzt, was sie geglaubt, sie haben es besser als wir? In dieser Weise würden ja die meisten Gläubigen in unserer Zeit jene beruhigt haben. Aber *der Apostel schreibt nichts Derartiges*, was er doch unbedingt hätte tun müssen, wenn das seine Meinung gewesen wäre. Er verweist sie vielmehr auf den vom Himmel herniederkommenden Herrn, der die in Ihm Entschlafenen auferwecken, die noch lebenden Gläubigen verwandeln wird, worauf beide

Gruppen zusammen in Wolken zur Begegnung mit dem Herrn in den Lufthimmel entrückt werden und „werden also bei dem Herrn sein allezeit". Paulus schließt: „So tröstet euch nun mit diesen Worten untereinander."

Wenn die Kirche diese Ausführungen des Apostels beherzigt und seine Mahnung befolgt hätte, so würde man auch die Stelle Phil. 1:20—23 nicht so ausgelegt haben, als wenn der gläubige Christ, sobald er gestorben ist, schon bei Christus wäre. Leider ist die Luther-Übersetzung hier wieder nicht genau. Von etwa einem Dutzend Übersetzungen und Erklärungen, die uns zur Hand sind, scheint uns überhaupt nur eine den Sinn des Apostels zu treffen, die *Konkordante*. Paulus, der mit der Möglichkeit seiner Hinrichtung rechnet (Vers 20), spricht die Überzeugung aus, daß — wie immer so auch jetzt — Christus durch ihn hoch erhoben werde, es sei durch Leben oder Tod, und fährt dann fort: „Denn mir ist das Leben Christus und das Sterben Gewinn. Wenn es aber das Leben im Fleische ist, so ist dies für mich Frucht der Arbeit (Menge deutlicher: ‚Wenn aber mein Leben ein leibliches Leben ist, so bedeutet das für mich Fruchtbringen durch Arbeit'), und was ich vorziehen werde, mache ich nicht bekannt (alle anderen Übersetzer: ‚weiß ich nicht', was jedoch das so wiedergegebene griechische Wort unseres Wissens nie bedeutet). Ich werde *aber* (dieses ‚aber' unterschlagen fast alle Übersetzer; Luther macht ein ‚denn' daraus) *herausgedrängt aus den Zweien*, indem ich das Verlangen habe nach der Auflösung, um zusammen zu sein mit Christus, denn um vieles mehr ist dies besser. Das Verbleiben aber im Fleische ist notwendiger um euretwillen."

Paulus sieht zwei Möglichkeiten vor sich: entweder er wird hingerichtet oder er bleibt am Leben. Was er vorziehen würde, falls er die Wahl hätte, das will er nicht kundtun. Das eine wie das andere könnte dem Apostel wünschenswert erscheinen, aber er wird aus beidem *herausgedrängt* (Luthers Übersetzung: „Es liegt mir beides hart an" wie auch die Menges:

"Ich fühle mich nach beiden Seiten hingezogen" sind unhaltbar, auch dem Sinne nach unmöglich). *Ein drittes* erscheint dem Apostel als das Wünschenswerteste: "die Auflösung und das Zusammensein mit Christus". Das griechische Wort *analyein* kann ‚sterben, abscheiden' bedeuten, braucht es aber nicht. Luk. 12:36 wird dasselbe Wort von Luther mit ‚aufbrechen' wiedergegeben: "wenn er aufbrechen (d. h. zurückkehren) wird von der Hochzeit". Knoch übersetzt: "wenn er sich lostrennen wird von der Hochzeit". Die Sehnsucht des Apostels geht auch hier wie Phil. 3:20—21 *auf die Wiederkunft* des Herrn, die ihn in die volle, selige Gemeinschaft mit Ihm bringen wird.

Der Abbruch der Zeltwohnung

Einen schlagenden Beweis dafür, was alles infolge tief eingewurzelter falscher Vorstellungen in die Bibel hineingelesen wird, haben wir in dem Worte 2. Kor. 5:8: "Wir sind aber getrost und haben vielmehr Lust, außer dem Leibe zu wallen und daheim zu sein bei dem Herrn." Da spricht der Apostel es ja aufs deutlichste aus, sagt man, daß er sich nach dem Tode sehnt, in dem die Seele erlöst aus dem Kerker des so vielen Schwachheiten, Leiden und Schmerzen unterworfenen Körpers in die himmlische Heimat eingeht. Aber das ist die platonische Philosophie und nicht die Lehre der Hl. Schrift und widerspricht geradezu dem, was Paulus sonst schreibt, auch in V. 2 und 3, daß er nicht nackt erfunden, lieber nicht e n t kleidet, sondern ü b e r kleidet werden möchte. Sein Sehnen geht genau wie in der Philipperstelle danach, daß bei der Wiederkunft des Herrn das Sterbliche nicht vom Tode, sondern durch Verwandlung vom Leben verschlungen werde. Der Apostel denkt hierbei überhaupt mit keinem Gedanken an eine Entkleidung oder Überkleidung der S e e l e .

Was er meint, ist allerdings für den, der nur die Lutherbibel liest, nicht zu erkennen. Luther übersetzt, Vers 1: "Wir wissen aber, so unser irdisch Haus dieser Hütte zerbrochen wird, daß wir einen Bau haben, von Gott erbaut, ein Haus, nicht mit Händen gemacht, das ewig ist, im Himmel." Knoch übersetzt genauer: „Denn wir wissen, daß, so unser irdisches Haus der Zeltwohnung (ähnlich die meisten neueren Übersetzer – W. Michaelis: „unser irdisches Haus, das doch nur ein leicht vergängliches ist"; Albrecht: „unser Zelt, das Haus, worin wir hier auf Erden wohnen"; Wiese: „unser irdisches Zelthaus") abgebrochen wird, wir ein Gebäude haben von Gott, ein Haus, nicht mit Händen gemacht, äonisch, in den Himmeln."

Einem Zelttuchweber, wie es Paulus war, mußte ja der Vergleich des menschlichen Leibes mit einem Zelt naheliegen. Dem Wanderhirten des Morgenlandes diente ein solches zur Wohnung wie zum Schutz gegen Regen und Kälte. Es bestand aus einem leicht tragbaren Gerüst aus Holzstangen, das mit besonders gewebtem Zelttuch oder auch mit Fellen und Teppichen bekleidet wurde. Schnell aufgeschlagen, konnte es ebenso schnell wieder abgebrochen werden. So kann auch unser Leib schnell abgebrochen werden. Wie vollzieht sich nun das Abbrechen eines Zeltes? Man nimmt einfach das Zelttuch von dem tragenden Gerüst ab. Dies kann überhaupt für lange Zeit immer wieder benutzt werden, während das zur Bekleidung dienende Tuch, das mit der Zeit verschleißt, öfter erneuert werden muß. So wird das Zelttuch unseres Leibes, nämlich Fleisch und Blut – vgl. 1. Kor. 15:50: „Fleisch und Blut können das Reich Gottes nicht ererben" – im Tode gleichsam abgenommen, es verwest im Grabe. Was ist nun aber das Bleibende? Was ist, um im Bilde vom Zelt zu bleiben, das Gerüst, das in der Auferstehung neu bekleidet wird? Denn um die Auferstehung handelt es sich ja hier, nicht um einen Leib, den der Mensch etwa sofort nach dem Sterben erhält, einen Zwischenleib für die Zeit zwischen der Stunde des Todes und der Auferstehung.

Darauf weist der Ausdruck hin, den Paulus für den neuen Leib gebraucht, ein Haus, das ewig (wörtlich: äonisch) ist, d. h.

für *die Äonen bestimmt* ist, für das Zeitalter des tausendjährigen Reiches und das des neuen Himmels und der neuen Erde; selbstverständlich wird dieses Haus weiter Bestand haben, auch wenn die Äonen vergangen sind. Was ist also nun das Gerüst? Nichts anderes als das, was wir das Knochengerüst zu nennen pflegen. So befremdlich uns das zunächst klingen mag, weil so ungewohnt, so ist es offenbar die Anschauung des Apostels, wie es auch die Anschauung der Juden überhaupt in seiner Zeit gewesen ist.*) So bleiben wir ganz im Bilde vom Zelt. Wenn das Zelt abgeschlagen wird, so werden die Zelttücher weggenommen von dem Gerüst, das beim Aufschlagen des Zeltes wieder mit ihnen bekleidet wird. Auf den Körper angewandt: Wenn der Mensch stirbt, so verwesen Fleisch und Blut, das Knochengerüst verliert seine Bekleidung. Die Gebeine selbst, die nackt im Grabe zurückbleiben, können sich hunderte, ja tausende von Jahren erhalten. Bei der Auferstehung werden die Gebeine wieder bekleidet, freilich nicht mit Fleisch und Blut, wie wir es jetzt haben. Wir können Näheres nicht darüber sagen; wir können nur an das Wort des auferstandenen Herrn an die Jünger Luk. 24:39 erinnern: „Sehet meine Hände und meine Füße, Ich bin's Selber, fühlet Mich an und sehet, denn ein Geist hat nicht Fleisch und Gebein, wie ihr sehet, daß Ich habe." In welcher Weise aber unsere jetzigen Gebeine bei der Auferweckung von Gott verwandt werden, darüber brauchen wir uns keine Gedanken zu machen. Und wenn einer spöttisch fragen sollte, was denn mit denen geschehe, deren Gebeine wie die vieler Märtyrer von den Flammen des Scheiterhaufens verzehrt oder von den Zähnen wilder Tiere zermalmt worden sind, so antworten wir ihm mit dem Wort des Herrn Matth. 22:29: „Ihr irret und wisset die Schrift nicht noch die Kraft Gottes." Zum leichteren Verständnis der Gedanken des Apostels kann

---

*) Vgl. dazu das sehr interessante und aufschlußreiche Heft von Prof. D. Bornhäuser „Die Gebeine der Toten", Gütersloh 1921.

es uns helfen, wenn wir das große Kapitel von der nationalen Auferstehung Israels Hes. 37 lesen.

Das ist sicher, daß 2. Kor. 5:8 so zu verstehen ist: Wir haben vielmehr Lust, außer dem Leibe, d. h. außer dem Leibe, den wir jetzt tragen, zu wallen und in dem neuen geistlichen Leibe, den wir in der Auferstehung anziehen, daheim zu sein bei dem Herrn. Von einem körperlosen Seelenleben bei dem Herrn weiß Paulus überhaupt nichts. Das beweisen auch die Worte 1. Kor. 15:16 und 18: „So die Toten nicht auferstehen, so ist Christus auch nicht auferstanden . . . So sind auch die, so in Christus entschlafen sind, verloren", oder wie die Konkordante Wiedergabe sagt: umgekommen. Gibt es keine Auferstehung, so hat der Tod eben auch die an Christus Gläubigen umgebracht, und für sie gibt es keine Hoffnung mehr. Von hier aus verstehen wir auch so gut das Wort der Emmausjünger: „Wir aber hofften, daß Er (Christus) sollte Israel erlösen." Warum haben sie diese Hoffnung nicht mehr nach dem Tode Jesu? Weil sie von einem Weiterleben der Seele nach dem Tode nichts wissen und ein toter Messias niemandem mehr helfen kann.

Der allein Unsterlichkeit hat

Daß wir *keine unsterbliche Seele* haben, bezeugt Paulus auch 1. Tim. 6:16, wenn er von Christus sagt: „der allein Unsterblichkeit hat". Der Apostel weiß von keiner anderen Unsterblichkeit des Menschen als der, die ihm geschenkt wird in der Auferstehung des Leibes, 1. Kor. 15:53–55. So schreibt er auch an die Kolosser (3:3 und 4): „Euer Leben ist verborgen mit Christus in Gott. Wenn aber Christus, euer Leben, sich offenbaren wird, dann werdet ihr auch mit Ihm offenbar werden in der Herrlichkeit." So schreibt er auch an die Philipper nicht etwa: Wir warten darauf, daß wir durch den Tod zu Christus in den Himmel kommen, sondern (3:20–21): „Wir warten (vom

Himmel her) des Retters Jesu Christi, des Herrn, welcher unseren nichtigen Leib verklären wird, daß er ähnlich werde Seinem verklärten Leibe."

Auch Jakobus heißt die Leser seines Briefes nicht auf den Tod hoffen, sondern auf die Wiederkunft des Herrn, 5:7: „So seid nun geduldig, liebe Brüder, bis auf die Anwesenheit des Herrn." Ebenso Petrus. Wir brauchen nur den herrlichen Eingang seines ersten Briefes zu lesen, 1:3—9. Er geht aus von der Auferstehung des Herrn, durch die wir wiedergezeugt sind zu einer lebendigen Erwartung. Er spricht von der Rettung, dem Heil, das bereitet ist, daß es offenbar werde, nicht etwa bei unserem Tode, sondern in der letzten Zeit, **„wenn nun offenbar wird Jesus Christus"**.

Die Geister im Gefängnis

Freilich, auch Petrus glaubt man als Zeugen dafür anführen zu können, daß die Seelen der Toten leben. Die viel umstrittene Stelle 1. Petr. 3:18—20 erklärt man so, daß der Herr in der Zeit zwischen Seinem Tode und der Auferstehung als körperloser Geist zum Hades hinuntergestiegen sei und den abgeschiedenen Seelen dort zwecks ihrer Bekehrung Evangelium verkündigt habe. Dagegen ist zu sagen:

1. In der Zeit zwischen Tod und Auferstehung hat der Herr als ein Toter (Offb. 1:18 wörtlich: Ich ward tot), ohne jedes Leben, ohne Bewußtsein, ohne Fähigkeit zu reden und zu handeln, im Grabe gelegen. Welch eine Erniedrigung für Den, dem Gott gegeben hatte, das Leben zu haben in Sich Selber, und durch Den alles geschaffen ist, was im Himmel und auf Erden ist! Erst durch die Auferstehung wurden nach Apg. 2:24 die Wehen des Todes aufgelöst, und Er erstand zu neuem Leben.

2. Der Herr hat nach Aussage des Petrus den Geistern im Gefängnis gepredigt. Aber wo in der Bibel von einem Geist oder Geistern ohne einen Zusatz (des oder der Menschen)

geredet wird, bezieht es sich niemals auf Menschen. Diese werden im griechischen Testament „psychai', Seelen, genannt, aber niemals „pneumata", Geister. Die Geister, von denen hier Petrus redet, sind schwerlich andere als die, von denen er in seinem zweiten Briefe (2:4) schreibt: „Gott hat die Engel, die gesündigt haben, nicht verschont, sondern hat sie mit Ketten der Finsternis zur Hölle (wörtlich: zum Tartarus) verstoßen und übergeben, daß sie zum Gericht behalten werden", vgl. auch Jud. 6. Diese Engel leben, während die Seelen der Gestorbenen tot im Hades liegen und mit dem Tartarus nichts zu tun haben.

3. Christus hat im Tartarus, den wir uns wohl als einen Strafort im Innern der Erde oder unter der Erde zu denken haben, dementsprechend nicht frohe Botschaft verkündet; sondern Er hat, wie Knoch übersetzt: „den Geistern im Kerker geheroldet", d. h. er hat proklamiert, feierlich kundgetan, daß Gott Ihn erhöht zum Herrn über die gesamte Geisterwelt.

4. Eine Evangeliumsverkündigung an die Seelen verstorbener Menschen würde in dem vorliegenden Zusammenhang keinen Sinn haben. Petrus schreibt an Christen, die um des Glaubens und der Gerechtigkeit willen verfolgt werden. Was für ein Trost hätte für sie in solcher Evangeliumspredigt im Totenreich gelegen? Sie selbst waren ja an Christus gläubig geworden, sie waren gerettet, sie bedurften nicht solcher Predigt nach dem Tode. Aber, daß Christus, nachdem Er gelitten, der Gerechte für die Ungerechten, und sich aufs tiefste erniedrigt, von Gott so hoch erhöht und als der Herr ausgerufen ward über alle Geister in der Tiefe und in der Höhe – Vers 22: „Welcher ist zur Rechten Gottes in den Himmel gefahren, und sind Ihm untertan die Engel und die Gewaltigen und die Mächte" –, das konnte und sollte sie stärken in dem Glauben, daß auch ihr Weg durch Leiden zur Herrlichkeit führen werde, stärken auch in dem Entschlusse, wie Christus für Gutestun willig zu leiden.

Toten ist Evangelium verkündigt

Aus dem Vorstehenden geht schon hervor, daß auch 1. Petr. 4:6, wo von wirklicher Evangeliumsverkündigung die Rede ist, nicht an eine solche für abgeschiedene Seelen im Hades zu denken ist. Kap. 3 und 4 lassen keinen Zweifel daran, daß die Leser damals eine Verfolgungszeit durchlebten. Der Satz: „Wer am Fleisch gelitten hat, hört auf von Sünden" weist, wenn wir an den in demselben Verse gegebenen Hinweis auf das Leiden Christi im Fleisch, also auf Seinen Tod, denken, darauf hin, daß die Christen, an die Petrus schreibt, um ihres Glaubens willen nicht bloß verspottet und gelästert wurden, sondern auch Mißhandlungen, ja dem Tode ausgesetzt waren. Demgegenüber mahnt Petrus die Gläubigen, sich mit demselben Sinn der Leidenswilligkeit zu wappnen, den sie an Christus kennengelernt, denn wer am Fleische gelitten hat (genaue Übersetzung), d. h. den Tod erlitten hat, hat aufgehört mit der Sünde, ist dem Machtbereich der Sünde entnommen. Es ist derselbe Gedanke, den Paulus Röm. 6:7 ausspricht: „Wer gestorben ist, ist gerechtfertigt von der Sünde" (Th. Daechsel: „Durch Sterben wird man ja mit der Sünde quitt").

Wir mögen auch an Offb. 14:13 denken: „Selig sind die Toten, die in dem Herrn sterben, von nun an." Die Stimme, die Johannes vom Himmel her hört, will ganz und gar nicht sagen, daß von einem bestimmten Zeitpunkt an der Tod in die Seligkeit führt. Das Wort versetzt uns in die Zeit der antichristlichen Trübsal. Um Ruhe zu finden vor der Verfolgung und allerlei Not, nahmen viele das Malzeichen des Tieres an, aber sie haben sich verrechnet. Ihr Gewissen wird ihnen keine Ruhe lassen bei Tag und Nacht und schließlich wird ein Feuer- und Schwefelgericht über sie kommen. Ihnen gegenüber sind die Treubleibenden selig zu preisen. Wenn sie auch hingerichtet werden, der Tod befreit sie von allem Erdenleid, was sie noch treffen könnte, und sie dürfen im Grabe ruhen, bis sie bei der Wiederkunft des Herrn den Lohn ihrer Treue in der ersten Auferstehung empfangen (Offb. 20:4—6).

So mahnt denn Petrus in unserer Stelle die Gläubigen, sich auch mit dem Gedanken an den Tod vertraut zu machen. Lieber alles leiden als noch einmal in das frühere Lasterleben zurückfallen! Und wenn die anderen sie verspotten und sie etwa höhnisch fragen, was sie denn überhaupt von ihrem Leben hätten, mit dem Tode sei doch alles aus, so weist der Apostel sie darauf hin: „Sie werden Rechenschaft geben Dem, der bereit ist, zu richten die Lebendigen und die Toten." Und wenn manche um des Glaubens willen den Tod erlitten haben: dazu ist ihnen, den jetzt Toten, bei Lebzeiten das Evangelium verkündigt worden, daß sie, wenn auch nach menschlichen Rechtsbegriffen als Verbrecher hingerichtet, im göttlichen Gericht ihren Lohn erhalten und als Auferstandene im neuen Geistesleib Gott dienen werden.

Es sei darauf hingewiesen, daß gerade in der Auslegung von 1. Petrus 3:18 ff. ausgesprochene Gegner der Lehre von der Allaussöhnung mit uns eins sind. Mit vollem Recht heben sie hervor, daß die heilige Schrift nirgends von Bekehrungsmöglichkeiten nach dem Tode redet und daß alle künftigen Belohnungen und Strafen ausdrücklich für die Taten verheißen werden, die der Mensch bei Lebzeiten vollbracht hat, vgl. z. B. 2. Kor. 5:10. Es muß mit aller Bestimmtheit behauptet werden: Den Verfassern der Bücher des Alten wie des Neuen Testaments ist, weil sie auf Grund göttlicher Offenbarung unter Leitung des heiligen Geistes schrieben, der heidnische Glaube an ein bewußtes Fortleben der Seele im Tode völlig fremd. Sie sind, im Gegensatz auch zu vielen unserer Gesangbuchslieder, alle darin eins, daß es Leben nach dem Tode nur durch Auferstehung gibt.

Auch das letzte und aller Wahrscheinlichkeit nach auch zuletzt geschriebene Buch der Bibel, die Offenbarung des Johannes, weicht nicht davon ab und weiß nichts davon, daß durch

Christi Auferstehung für die an Ihn Glaubenden in dieser Sache eine Änderung eingetreten sei. Kap. 20:4 heißt es von den Seelen der mit dem Beil enthaupteten Gläubigen: „Diese lebten (Knoch: sie leben, fast alle anderen Übersetzer: sie wurden lebendig) und regierten mit Christus tausend Jahre." Darnach waren sie also vorher tot; das Leben fing für sie ebenso wie das Regieren erst mit der Auferstehung an. Zum Überfluß heißt es dann noch Vers 5: „Die anderen Toten aber wurden nicht wieder lebendig, bis tausend Jahre vergangen sind." Nach Vers 11–15 kommt nach den tausend Jahren dann die Auferstehung des Gerichts. Welch eine Machtentfaltung Gottes! Viele Milliarden Menschen werden auferweckt, um gerichtet zu werden, und nur zu diesem Zweck. Würde wohl Gott, der doch nichts zwecklos tut, etwas Derartiges in Szene setzen, wenn auch ohne Auferstehung die Toten lebten?

Die schreienden Seelen unter dem Altar

Aus dem Gesagten geht hervor, daß auch das Schreien der Seelen unter dem Altar nach Rache, Offb. 6:9–11, nicht buchstäblich zu verstehen ist, geradesowenig wie das Schreien des Blutes Abels zu Gott. Vielmehr wie das Blut Abels, d. h. das an ihm begangene Verbrechen, Gottes Gericht fordert, so auch das Leiden der in der antichristlichen Zeit hingemordeten Gläubigen.

Totenerscheinungen

Aber wie verhält es sich nun mit der Erscheinung des verstorbenen Propheten Samuel, von der 1. Sam. 28 uns erzählt? Wenn nach 5. Mose 18:9–12 Gott dem Volke Israel u. a. verboten hat, die Toten zu befragen, so wäre das doch sinnlos, wenn keine Möglichkeit dazu vorliegt, wenn nicht die Seelen der Verstorbenen leben. Und wird nicht dieser Schluß als richtig bestätigt durch die Tatsache, daß der tote Samuel dem König Saul erscheint und mit ihm redet? Keineswegs. Nach Gottes

Wort sind die Toten tot und können den Lebenden keine Antwort auf irgendwelche Fragen geben. Weil aber die Menschen es versucht haben, sich mit den Toten in Verbindung zu setzen und dadurch der Täuschung durch böse Geister, Dämonen, zum Opfer gefallen sind, hat Gott jenes Verbot gegeben. Der ganze Spiritismus ruht ja auf Dämonentrug. Das Zauberweib von Endor hat sicher die Leute, die zu ihr kamen, um durch ihre Vermittlung die Toten zu befragen, irgendwie betrogen. Ihr Erschrecken bei der Erscheinung Samuels aber beweist, daß in diesem Falle etwas geschehen ist, was sie nicht erwartet hat, d. h. aber, da es nach der Schrift kein Leben aus dem Tode außer durch Auferstehung gibt, daß Samuel für diesen besonderen Fall von Gott auferweckt worden ist.

Wir müssen dann hier eben eine Auferstehung für vorübergehende Zeit annehmen wie bei dem Töchterlein des Jairus, dem Jüngling zu Nain, dem Lazarus von Bethanien, den Auferstandenen von Matth. 27:52 und 53, die nach der Auferstehung Jesu aus ihren Gräbern heraus- und in die heilige Stadt gehen und dort vielen erscheinen – eine wundervolle Weissagung auf die Gläubigen aus Israel, die nach der Wiederkunft des Herrn der ersten Auferstehung gewürdigt werden und dann einziehen in Jerusalem, das dann wirklich „die Heilige Stadt" sein wird. Wir mögen schließlich auch an die Unzähligen denken, die nach Offb. 20:11–15 (Joh. 5:29) nur vom Tode aufstehen, um vor dem großen weißen Throne gerichtet zu werden, und darnach dem zweiten Tode verfallen, d. h. zum zweiten Male sterben. Einen Schlafenden aufzuwecken ist keine Kunst; manche Menschen haben auch die Fähigkeit, andere in einen Schlafzustand zu versetzen; zweifeln wir daran, daß für den allmächtigen Gott es eine Kleinigkeit ist, Menschen aus dem Todesschlaf aufzuwecken und auch wieder in denselben zu versetzen?

Nach den bisherigen Ausführungen ist es auch ausgeschlossen, daß wir in dem Bericht von der Verklärung des Herrn auf dem heiligen Berge (Matthäus 17:1–9; Markus 9:1–8; Lukas 9:28–36) daran zu denken hätten, daß die Seelen des Mose und des Elia aus dem Himmel herabgekommen und den Jüngern erschienen seien. Der Herr Selber sagt Joh. 3:13: „Niemand ist in den Himmel hinaufgestiegen (Luther ungenau: „fährt gen Himmel") außer dem, der vom Himmel herabgestiegen ist, des Menschen Sohn, der im Himmel ist." Es steht auch 2. Kön. 2 nicht, daß Elia in den Himmel fuhr, sondern „gen Himmel" oder, wie Menge übersetzt, „zum Himmel empor".

Petrus bezeugt auch von David, daß er nicht in die Himmel hinaufgestiegen ist (Apg. 2:34); die Hoffnung der Gläubigen des Alten Bundes lag ja, worauf schon oben hingewiesen worden ist, nicht im Himmel, sondern auf der Erde. Es ist anzunehmen, daß beide, Mose und Elia, gestorben sind, aber es ist etwas Besonderes um den Lebensausgang dieser beiden Großen des Alten Bundes. Mose starb, ohne daß ein Mensch dabei war, auf dem Nebo, und wie es 5. Mose 34 heißt: „Der Herr begrub ihn, und niemand hat sein Grab erfahren." Und der Tod des Elia ist völlig in Dunkel gehüllt; es wird uns kein Wort darüber gesagt. Wenn aber allen Berichten der drei ersten Evangelisten über die Verklärung des Herrn ein Vers vorangeht, in dem der Herr seinen Aposteln erklärt, daß einige von ihnen den Tod nicht schmecken sollten, bis sie des Menschen Sohn hätten kommen sehen in seinem Königreich, so ist sicher die Annahme gerechtfertigt: Wir haben es auch hier mit einer realen prophetischen Abschattung des kommenden Königreichs zu tun. Der Weg des Christus geht durch Leiden zur Herrlichkeit. Wenn er wiederkommt, wird man ihn sehen, sein Angesicht leuchtend wie die Sonne und mit ihm die Seinen in Herrlichkeit. In Mose mögen wir den Repräsentanten derer sehen, die durch Auferweckung aus den Toten in den Stand der Herrlichkeit versetzt werden, in Elia das Vorbild derer, die ohne zu sterben bei der Ankunft des Königs die Verwandlung ihres sterblichen Leibes erleben, nicht erst entkleidet, sondern überkleidet werden, wie Paulus 2. Kor. 5:4 es ausdrückt. So spricht ja auch der Herr am Grabe des Lazarus von solchen, die sterben und auferstehen, und den anderen, die noch bei seiner Ankunft leben, nun aber vom göttlichen Leben so durchströmt werden, daß sie weiterleben für den ganzen Äon des Königreichs, um selbstverständlich nie mehr zu sterben (Joh. 11:25–26).

Die Schrift weiß nichts von einer Unsterblichkeit der Seele, und es ist durchaus nicht etwas Nebensächliches, daß wir uns darüber klar und gewiß sind.

Unsterblichkeit der Seele – eine heidnische Lehre

Die Lehre von der Unsterblichkeit der Seele hat mit Bibel und Christentum nicht das geringste zu tun. Sie stammt, wie schon gesagt, aus dem Heidentum der griechischen Philosophie. Plato, gest. 348 v. Chr., schreibt in seinem Phädon: „Solange wir den Körper haben und unsere Seele mit einem solchen Übel verwachsen ist, werden wir nie befriedigend erreichen können, wonach uns verlangt ... Nach dem Tode aber wird die Seele für sich allein sein, abgesondert vom Leibe ... Ganz sicher ist die Seele unsterblich und unvergänglich." Nach Plato gleicht die Seele einem Vogel, der in einem Käfig eingesperrt ist und doch sich nach Freiheit sehnt und sich zum Licht emporschwingen möchte. Indem der Leib stirbt, öffnet sich der Kerker für die Seele und sie gelangt zu der ersehnten Freiheit in der Welt des Geistes.

Bereits im Anfang des 2. Jahrhunderts n. Chr. drangen diese Gedanken mit Macht in die christlichen Gemeinden ein. Im Mittelalter wurden sie ergänzt und verstärkt durch die Unsterblichkeitslehre des Aristoteles, des bedeutendsten Schülers Platos, geb. 384 v. Chr. Die Gedanken dieses heidnischen Weisheitslehrers wurden mit der Zeit geradezu als unerläßlich für das richtige Verständnis des Neuen Testamentes angesehen, und Christus und Seine Apostel mußten es sich gefallen lassen, daß man ihre Worte nach jenen deutete. Mit Recht heißt es im ersten Band „Aus den Tagebüchern eines evangelischen Pfarrers" (C. A. Wilkens) von Aristoteles: „Seine Führerschaft in der Theologie des Mittelalters war ein Unheil. Mußte man doch eher an ihn glauben, als man an Christus glaubte, so daß es wirklich von Aristoteles hieß: Ich bin die Tür, so jemand durch mich eingeht, der wird aus- und eingehen und Weide finden (Joh. 10:9). Es fehlte nur noch, daß man lästerte: Ich bin gekommen, daß sie Leben und volle Genüge haben (Joh. 10:11)." Bis auf den heutigen Tag ist es in den meisten christlichen Gemeinden so, daß ein Prediger, der auch nur in vorsichtiger Weise die Unsterblichkeit der Seele bestreitet und als einzige Hoffnung des Christen die Auferstehung verkündigt, damit einen Aufruhr erregt und als Ketzer und Irrlehrer verschrien wird; wir sprechen aus eigener, vielfacher Erfahrung.

Dafür fehlt andererseits das Verständnis für die wirklich biblische und christliche Lehre von der Auferstehung. Die Lehre, daß die Seele unsterblich ist und, soweit es sich um gläubige Christen handelt, im Tode sofort in den Himmel geht, hat sich in der Christenheit dahin ausgewirkt, daß der Glaube an die Auferstehung in den Hintergrund gedrängt und geradezu bedeutungslos geworden ist. Wozu auch noch auf eine Auferstehung hoffen, wenn die Seele längst daheim ist bei dem Herrn, längst zu Seligkeit und Herrlichkeit eingegangen ist? Wie ist überhaupt mit der Annahme, daß die verstorbenen Gläubigen schon selig und in der Herrlichkeit sind, das Wort des Herrn zu vereinen, daß die Toten, d i e i n d e n G r ä b e r n s i n d , Seine Stimme hören werden (Joh. 5:28), oder das Wort des Apostels Paulus (1. Thess. 4:16 und 1. Kor. 15:52) von der Posaune, deren Schall die Gläubigen a u f e r w e c k t a u s d e m T o d e s s c h l a f ? Und wenn sie schon im Sterben zu dem Herrn gekommen sind, wie kann dann Paulus von einer E n t r ü c k u n g zu dem Herrn reden und sagen: „Wir werden a l s o ", d. h. doch als Verwandelte oder Auferstandene, „bei dem Herrn sein allezeit"? Wenn die Seele unsterblich ist, wozu hat Jesus dann noch Tote auferweckt? Warum ist Er Selber auferstanden in einem Leibe, der Fleisch und Bein hat (Luk. 24:39)? Warum ist Er den Jüngern nicht als körperloser Geist erschienen? Wenn alle Toten leben und die Ungläubigen unter ihnen Qual empfinden können, warum gibt es für sie noch eine Auferstehung des Gerichts? Man wird von der Unsterblichkeitslehre aus keine befriedigende Antwort auf alle diese Fragen geben können.

Es sind heidnische Anschauungen, die mit der Unsterblichkeitslehre in das Christentum eingedrungen sind und sich mit der biblischen Lehre durchaus nicht vereinigen lassen. Das zeigt sich auch noch von einer anderen Seite her. Glaube an das Fortleben der Seele im Tode findet sich in irgendeiner Form wohl bei allen Völkern der Welt, aber nirgends Glaube an die Auferstehung des Menschen in seiner Ganzheit. Und wie ist es mit der sogenannten Christenheit? Gewiß gibt es noch viele, die neben dem Glauben an die Unsterblichkeit der Seele auch den Glauben an die Auferstehung festhalten, aber wie viele auch, die denselben ablehnen, ja selbst den Glauben an Gott, wenigstens an den Gott und Vater Jesu Christi.

Es ist tatsächlich so: Man kann an die Unsterblichkeit der Seele glauben und hat Gott dazu nicht nötig. Das ist ja das Herrliche: Der Mensch hat eine unsterbliche Seele und damit trägt er in sich selber die Unsterblichkeit. So groß ist der Mensch! Das ist auch ein Stück Ichvergötzung, Menschenvergötterung. Treffend nennt Professor K. Heim deshalb einmal den Glauben an die Unsterblichkeit der Seele „eine Lebensversicherung in der Vergänglichkeit ohne Gott". Auf solche Weise setzt man sich über den gewaltigen Gerichtsernst des Todes hinweg. Man macht aus dem Tode, den Paulus 1. Kor. 15:26 als einen Feind bezeichnet, einen Freund und Erlöser, der uns erst in unser wahres Lebenselement hineinführt und damit eine herrliche Entwicklung für uns einleitet. Bei solcher Einstellung kann ja kein Verständnis mehr sein für die Frohbotschaft von der Auferstehung. Da muß es als etwas Widersinniges empfunden werden, daß die Seele nach dem Tode noch einmal in den lästigen Körper hineingezerrt werden soll.

Da weiß man denn auch nichts anzufangen mit dem, was die Schrift sagt von der Erneuerung des Kosmos, des Weltalls: „Wir warten eines neuen Himmels und einer neuen Erde nach Seiner Verheißung, in welchen Gerechtigkeit wohnt" (2. Petr. 3:13) oder dem, was Paulus Röm. 8:18 ff. schreibt von der Erlösung der Kreatur von dem Dienst des vergänglichen Wesens zu der herrlichen Freiheit der Kinder Gottes. Was hat das zu bedeuten für die Seele, die der körperlichen Welt entnommen ist! Mag die Schöpfung Gottes, von der die ersten Blätter der Bibel in so erhabener Weise berichten und über der geschrieben steht: „Und Gott sah an alles, was Er gemacht hatte, und siehe da, es war sehr gut", für ewige Zeiten in dem Elend und Verderben bleiben, das ohne ihr Verschulden über sie gekommen, was kümmert es die Seele, die von allem Körperlichen und Stofflichen unberührt in seligen Sphären des Geistes schwebt! Wie soll sie Den anbeten, der auf dem Throne sitzt und spricht (Offb. 21:5): „Siehe, ich mache alles neu!"

Tod und Auferstehung

Wie ganz anders gestaltet sich alles für den Menschen, der in biblischen Gedankengängen lebt. Nach dem Sündenfall geht Gott der Herr mit dem Menschen ins Gericht. Er hat ihm schon vorher angedroht: „Welches Tages du davon issest, wirst du des Todes sterben" oder wie Knoch übersetzt: „Zum Sterben wirst du sterbend sein" (1. Mose 2:16). Das bedeutet nicht, daß das Essen vom Baum der Erkenntnis des Guten und Bösen augenblicklichen Tod im Gefolge hat. Nein, der Mensch ist nun sterbend geworden. Mit dem Augenblick des Sündigens ist eine Minderung seiner ursprünglichen Lebenskraft eingetreten, die fortschreitend im Tode sich vollendet. Was ist der Mensch dann noch, auch der kraftvollste, mächtigste, herrlichste? Im Tode mit der sich anschließenden Verwesung wird uns die Wahrheit von Psalm 39:6 vor Augen gestellt: „Wie gar nichts sind alle Menschen, die doch so sicher leben!" Im Tode zerbricht der heilige Gott den sündigen Menschen, und zwar den ganzen Menschen nach Leib und Seele und Geist. Im Tode wird jede Entwicklung des Menschen abgebrochen. Im Tode wird der Mensch ein Nichts, ein völliges Nichts. Massillon hatte schon recht, wenn er in der Leichenrede auf Ludwig XIV., den „Sonnenkönig", sagte: „Gott allein ist groß."

Das ist Gottes Größe, daß Er das ganze unermeßliche Heer der in ihren Gräbern verwesten Toten – die Zahl der Toten des zweiten Weltkrieges, die mit 22 Millionen angegeben wird, ist demgegenüber nur ein Kleines – wieder ins Leben rufen wird. Das ist so undenkbar groß, daß in der Welt des Todes der Ruf erschallt: Christus ist auferstanden von den Toten! Das ist das Große, daß Einer da ist, der da sagen kann: „Ich war tot; und siehe, Ich bin lebendig von Ewigkeit zu Ewigkeit und habe die Schlüssel des Hades und des Todes", „Ich lebe und ihr sollt auch leben!" (Offb. 1:18 und Joh. 14:19). Das ist das Große, daß Christus einem jeden, der von der Sünde sich abwendet und mit Ihm rechnet als dem lebendigen Herrn, jedem, der Jesu sich anvertraut, daß Er ihn frei mache von allem Bösen und in Sein eigenes Bild verkläre, Seinen heiligen Geist verleiht, der da ist ein Pfand, ein Angeld unserer zukünftigen Herrlichkeit. Das ist das Große, daß wir durch diesen Geist mit aller Gewißheit rühmen können: „Gott hat den Herrn auferweckt, Er wird uns auch auferwecken durch Seine Kraft" (Röm. 8:11). Das ist unsere einzige Hoffnung, daß Christus uns, die wir an Ihn glauben, auferwecken wird, und das nicht zur Auferstehung des Gerichts, sondern zur Auferstehung des Lebens. Darum sehnen wir uns nach Seiner Wiederkunft, die Er einleitet durch die Lebendigmachung der Seinen und ihre Entrückung zu Ihm. Und weil Sein Erbarmen in uns lebt und wir wissen: „Leiblichkeit ist das Ende der Wege Gottes" (Ötinger), so sind wir dessen froh, was Gottes Wort uns versichert, daß das ganze Weltall einmal teilhaben wird an der Erlösung, die Christus uns erworben hat, bis zu dem Ziele hin, daß Gott sein wird alles in allen und in allem. Mögen solche, die sich nicht belehren lassen, bleiben bei den durch eine vielhundertjährige Überlieferung sanktionierten Phantasien von Menschen – wir wollen bleiben bei dem, was Gottes Wort, Gottes Offenbarung ist.

Wir haben volles Verständnis dafür, wenn es manchem schwerfällt, sich von Anschauungen loszumachen, in die er von Kindheit hineingewachsen ist und die ihm zunächst vielleicht auch mehr zusagen als die so viel ernstere, aber auch so viel gewaltigere und herrlichere Lehre der Bibel. Gottes Wort über alles! Es darf uns auch nicht beirren, daß manche und darunter auch einige besonders gesegnete Gottesmänner wie Oberlin und der ältere Blumhardt von einem Verkehr mit den Geistern Abgeschiedener zu berichten wissen. Es mag den Dämonen der Finsternis als ein besonderer Triumph erscheinen, wenn es ihnen gelingt, auch solche Männer zu täuschen.

Schließlich sei noch darauf hingewiesen, daß es auch keinen Verlust für uns bedeutet, wie manche meinen, wenn wir nicht sofort beim Verscheiden „in den Himmel kommen". Da wir im Schlafe und erst recht im Todesschlafe keine Zeitempfindung haben, bringt für unser Bewußtsein der nächste Augenblick nach dem Sterben schon die Auferstehung. So schreibt auch Luther zur Auferweckung des Lazarus von den Toten: „Ich will bei der Schrift bleiben, die da sagt: sie schlafen. Denn mich dünkt, solcher Schlaf hat sie so gar inne, daß sie nichts fühlen noch sehen, viel weniger denn man im natürlichen Schlafe fühlet, aber wenn sie auferweckt werden, geschehe ihnen, daß sie nicht wissen, wo sie gewest sind."

Allerdings finden sich in Luthers Schriften, namentlich in seiner späteren Zeit, eine ganze Reihe von Stellen, in denen er sich einfach den populären Vorstellungen von der Unsterblichkeit der Seele angepaßt hat. Doch dürfte die Behauptung von Prof. Carl Stange in seiner Schrift „Die Unsterblichkeit der Seele" (Gütersloh 1925) kaum zu widerlegen sein, daß die Kritik, welche Luther am Unsterblichkeitsglauben übt, in dem eigentlichen Grundgedanken seiner Theologie begründet ist.

Jedenfalls spricht Luther mit nüchterner Zurückhaltung von dem Zustand der Toten, wenn er schreibt: „Hier komme nur her, wer so fürwitzig und gern wissen wollt, wie es um die Toten steht; denn viel sind, die gern Lazarus hätten gefragt, was er dort gemacht, gedacht, gefühlt und gesehen hätte, da er vier Tage im Grab lag. Ich aber will hie lassen Lazarus und andere Leute fahren und bei der Schrift bleiben, die da sagt: sie schlafen." – Damit stellte er sich in Gegensatz zu den heidnischen Philosophen Plato und Aristoteles, von denen er an anderer Stelle schreibt: „Solche Unsterblichkeit haben die Philosophen erträumt, aber die Heilige Schrift lehrt von der Auferstehung und dem ewigen Leben anders."

In diesem Zusammenhang sei an Justin, den Märtyrer, erinnert, welcher einhundert Jahre nach dem Tode des Apostels Paulus um seines Glaubens willen enthauptet wurde. Justin gehört zu den Apologeten (den Verteidigern des christlichen Glaubens in Wort und Schrift gegen die Angriffe von heidnischer und jüdischer Seite). Justin, welcher um das Jahr 100 n. Chr. in Sichem als Sohn heidnischer Eltern geboren war, hatte sich als Sucher nach der Wahrheit eingehend mit der stoischen, aristotelischen und platonischen Philosophie befaßt, bis er (um seine eigenen Worte zu gebrauchen) das Geheimnis des Kreuzes erkannte und dann als Evangelist im Philosophenmantel von Stadt zu Stadt zog. Er wandte sich auf das heftigste gegen die von den philosophischen Schulen des Heidentums gelehrte natürliche Unsterblichkeit der Seele und wurde der Sprecher und

Verteidiger des Christentums in der Mitte des zweiten Jahrhunderts. Bekannt ist sein Gespräch mit dem Juden Tryphon, worin er u. a. schreibt:

„Ich begehre weder Menschen noch menschlichen Lehren zu folgen, sondern allein Gott und den Lehren, die von Ihm sind. Wenn ihr mit solchen bekannt geworden seid, die sich Christen nennen und die es nicht bekennen, vielmehr den Gott Abrahams, Isaaks und Jakobs sich erfrechen zu lästern, welche auch die Auferstehung der Toten leugnen und behaupten, ihre Seelen würden sogleich nach dem Tode in den Himmel aufgenommen, so haltet sie nicht für Christen."

Im übrigen sei auf die ausgezeichnete kleine Schrift von Dr. W. Künneth verwiesen: „Unsterblichkeit oder Auferstehung" (Wichern-Verlag, Berlin-Spandau 1930).

Das Unbiblische in den Zukunftshoffnungen der christlichen Kirchen wird zweifellos in nicht geringem Maße erhalten und befestigt durch unsere Gesangbücher. In einem Artikel im „Reich Christi" 1907, betitelt: die „Welt des Gesangbuchs", beginnt C. L. Cleve mit dem Seufzer: „Wenn doch einmal eine Gesangbuchskommission vor die neue Ausgabe des Gesangbuches setzen wollte: Dieses Buch ist der Heiligen Schrift nicht gleichzuachten, aber doch gut und nützlich zu lesen!"

Blicken wir einmal in das Evangelische Gesangbuch für Rheinland und Westfalen hinein. Da finden wir in der Rubrik „Tod, Gericht und ewiges Leben" 54 Lieder, unter diesen allen nur zwei, die auf die Auferstehung ausgerichtet sind: „Jesus, meine Zuversicht" und „Auferstehn, ja auferstehn wirst du" und drei, die auf die Wiederkunft des Herrn gehen: „Wir warten Dein, o Gottessohn", „Wachet auf, ruft uns die Stimme" und „Es ist gewißlich an der Zeit". Weitaus die meisten dieser Lieder sind auf den Ton gestimmt:

Welt ade, ich bin dein müde,
ich will nach dem Himmel zu:

> da wird sein der rechte Friede
> und die stolze Seelenruh.
> Welt, bei dir ist Krieg und Streit,
> nichts denn lauter Eitelkeit,
> in dem Himmel allezeit
> Friede, Freud' und Seligkeit.

Der Gedanke an die Auferstehung des Herrn ist gewiß dazu angetan, den Blick vorwärts, in die Zukunft zu richten, da nach der Schrift die ganze Menschheit auferstehen und das ganze Weltall, Himmel und Erde, eine Erneuerung erfahren werden mit dem Ziele: Gott alles in allem! (Offb. 21:22; 1. Kor. 15). Aber auch in den Osterliedern wird der biblische Gegensatz zwischen d i e s e m und dem z u k ü n f t i g e n Äon umgebogen in den zwischen der d i e s s e i t i g e n und der j e n s e i t i g e n Welt. Wenn auch sozusagen anstandshalber in einem Verse noch von der Auferstehung geredet wird, so wird dieselbe im nächsten wieder verflüchtigt: „Jesus lebt! Nun ist der Tod nur der Eingang in das Leben." Eine erfreuliche Ausnahme, eines der wenigen Osterlieder, die nicht in Himmelfahrtsstimmung ausklingen, sondern die Welt im Osterlicht erstrahlen lassen, ist das Lied Friedrichs von Hardenberg (Novalis), das im Rhein.Westf. Gesangbuch unter den geistlichen Volksliedern (nicht für den Gemeindegottesdienst) sich findet, aus dem wir einige Strophen folgen lassen:

> Ich sag' es jedem, daß Er lebt
> und auferstanden ist,
> daß Er in unserer Mitte schwebt
> und ewig bei uns ist.
> Ich sag' es jedem, jeder sagt
> es seinen Freunden gleich,
> daß bald an allen Orten tagt
> das neue Himmelreich.

Jetzt scheint die Welt dem neuen Sinn
erst wie ein Vaterland;
ein neues Leben nimmt man hin
entzückt aus Seiner Hand.

Es kann zu jeder guten Tat
ein jeder frischer glühn;
denn herrlich wird ihm diese Saat
in schönern Fluren blühn.

Er lebt und wird nun bei uns sein,
wenn alles uns verläßt,
und so soll dieser Tag uns sein
ein Weltverjüngungsfest.

Aufs Ganze gesehen: So viele schöne herrliche Lieder sich im evangelischen Gesangbuch finden, es ist der Heiligen Schrift nicht gleichzuachten. Es gilt doch in einzigartiger Weise von den Verfassern der biblischen Schriften: „Die heiligen Menschen Gottes haben geredet, getrieben von dem heiligen Geist" (2. Petr. 1:21). Es gilt in einzigartiger Weise von der Bibel: „Die Rede des Herrn ist lauter wie durchläutert Silber in irdenem Tiegel, bewährt siebenmal" (Psalm 12:7).

Nachdem wir festgestellt, was die Schrift über den Tod sagt, können wir nun weitergehen zur Beantwortung der Frage:

III.
Was lehrt Paulus weiter über die Allaussöhnung?

Wir haben außer der schon besprochenen Stelle Kol. 1:19—20 zwei längere lehrhafte Auseinandersetzungen über die Allaussöhnung in 1. Kor. 15:20—28 und Röm. 5:12—21. Wir sehen zunächst, was Paulus an die Korinther schreibt.

In Christus werden alle lebendig gemacht werden

Der trostlosen Behauptung, die in ihrer Mitte aufgestellt worden war, es gebe keine Auferstehung von den Toten, stellt der Apostel die Tatsache der Auferstehung Jesu gegenüber: „Nun aber ist Christus auferstanden und der Erstling geworden unter denen, die da schlafen." Der Erstling – sind nicht schon vor Jesus Tote auferstanden? Haben nicht Elias und Elisa und der Herr Selbst Tote auferweckt? Wie kann Jesus der Erstling heißen? Hierfür gibt es nur e i n e Erklärung: Alle vor Jesu Auferstandenen sind auferstanden, um wieder zu sterben. Jesus ist der erste, der auferstanden ist zu einem Leben, für das es keinen Tod mehr gibt, einem Leben in Kraft, in Herrlichkeit, in überströmender Fülle. Wenn Paulus hier von Jesus als dem Erstling spricht, an den sich eine große Reihe von anderen Auferstandenen anschließen soll, so sieht er ab von allen Totenauferweckungen, die nur für vorübergehende Zeit erfolgen. Darum erwähnt er auch nicht die Auferstehung der Unzähligen, die nach dem Abschluß des tausendjährigen Reiches auferstehen, um vor dem großen weißen Thron gerichtet zu werden (Offb. 20:11 ff.). Sie werden ja, nachdem sie ihr Urteil empfangen und ihre Strafe verbüßt haben, in den Feuersee geworfen. „Dies ist der z w e i t e Tod", erklärt Johannes, nicht wie Luther ungenau übersetzt „der a n d e r e Tod", was wohl an manchen falschen Schlußfolgerungen mit schuld ist.

Die Erklärung, die Johannes vom Feuersee gibt, dürfen wir nicht noch einmal erklären, bzw. umdeuten, wie es gewöhnlich geschieht, indem man sagt: Der andere Tod – das ist ewige Verdammnis, das ist endlose Höllenqual. Wir haben die Worte: „Das ist der zweite Tod" stehenzulassen und dürfen nichts hineinlegen, was nicht darinliegt. Was wollen sie besagen? Was der erste Tod ist nach der Schrift, ist ganz eindeutig. Wenn der Feuersee den zweiten Tod bedeutet, so kann das nichts anderes heißen als: Die vor dem großen weißen Thron

Gerichteten, die nur auferweckt sind zur Auferstehung des Gerichts, müssen, nachdem dies vollzogen, zum zweiten Male sterben. Mag da äußerlich den veränderten Umständen gemäß, unter denen der Tod eintritt, einzelnes sich ändern, z. B. „der Staub muß wieder zur Erde kommen, wie er gewesen ist" – die alte Erde ist ja nach Offb. 20:11 zur Zeit des Gerichts vor dem großen weißen Thron nicht mehr da – daran ist nicht zu zweifeln: Der zweite Tod ist im wesentlichen dasselbe wie der erste. Die dem zweiten Tod Verfallenen sind auch wirklich tot nach allen Seiten hin, nicht fähig, irgend etwas zu empfinden, zu erkennen, zu wollen und zu tun oder auch zu leiden. Es kann keine Rede davon sein, daß sie in dem Feuersee Qual leiden. Dies wird nur gesagt von dem Satan, dem Antichristen und dem falschen Propheten, die sämtlich Wesen höherer, übermenschlicher Art sind. Die vor dem großen weißen Thron erschienen, haben eine Auferstehung erlebt, weil sie als Tote, die nicht sehen, hören, empfinden, nicht gerichtet werden könnten, aber sie wurden nicht „lebendig gemacht".

Diesen Ausdruck gebraucht Paulus zunächst für den Herrn Selber; Er ist der Erstling. „Darnach", sagt er, „die Christo angehören, wenn Er kommen wird." Wir haben hierbei nach 1. Kor. 15:51–52 und 1. Thess. 4:16–17 einmal an die Gläubigen der Auswahlgemeinde zu denken, die noch vor der sichtbaren Wiederkunft des Herrn, sei es, soweit sie noch leben, durch Verwandlung, sei es, soweit sie schon gestorben sind, durch Auferstehung aus den Toten die Unsterblichkeit anziehen und miteinander dem Herrn im Lufthimmel in Wolken entgegengerückt werden. Zu denen, „die dem Herrn angehören" (wörtlich: die des Herrn sind) und die, „wenn Er kommen wird" (wörtlich: bei Seiner Anwesenheit), auferweckt werden, sind aber nach Offb. 20:4–6 auch die gläubigen Israeliten zu rechnen, die bald nach der sichtbaren Wiederkunft des Herrn zum Leben auferstehen. Nach mehreren Stellen der Offenbarung (12:6–14; 11:2–3; 13:5) wird die antichristliche

Trübsalszeit 3½ Jahre, das sind 42 Monate oder 1260 Tage dauern. Sie wird beendet durch die Wiederkunft des Herrn. Nach Dan. 12:11 wird dreißig Tage später, also im ganzen 1290 Tage nach Beginn der Verfolgungszeit, das damals abgeschaffte tägliche Opfer im Tempel zu Jerusalem wiederaufgenommen werden. Nach weiteren 45, also im ganzen 1355 Tagen, wird dann nach Dan. 12:12 wohl die Auferstehung der Gläubigen aus Israel erfolgen, vermutlich weil während der 75 Tage nach der Ankunft des Herrn das Land erst gereinigt werden soll von den Spuren der über den Antichristen und seine Anhänger ergangenen Gerichte. Johannes preist Offb. 20:6 die selig, die an dieser „ersten Auferstehung" teilhaben. Er nennt sie die erste, weil er, wie überhaupt die Zwölfe in ihren Schriften, die hauptsächlich aus früheren Heiden bestehende Gemeinde des Herrn, „welche da ist Sein Leib" (Eph. 1:23), deren Sammlung der erhöhte Herr durch Paulus begonnen (Eph. 3:1–12) und bis auf diesen Tag fortgeführt hat, ganz außer Betracht läßt.

Also: der Erstling Christus, darnach die des Christus sind bei Seiner Anwesenheit, darnach, wie Luther übersetzt, „das Ende". Knoch übersetzt „die Vollendung", Bachmann im Zahnschen Kommentar „der Abschluß", Albrecht „der Schluß (der Auferstehung)", die Mülheimer Ausgabe „die übrigen Menschen", wozu sie bemerkt: „Die gewöhnliche Übersetzung: ‚darnach das Ende' ist irreführend. Das im Grundtext gebrauchte Wort bedeutet das, womit eine Sache schließt. Den Schluß machen hier die Menschen, die nach der ersten Auferstehung übrigbleiben." Auf dasselbe kommt die Übersetzung von Th. Daechsel und W. Michaelis hinaus: „darnach der Rest", der wir uns anschließen möchten. Der Apostel sagt also in unserem Abschnitt, daß alle die Toten, die nicht auferstanden sind bei der Entrückung der Leibesgemeinde, von der 1. Thess. 4 die Rede ist und die wir jedenfalls einige Zeit vor den Zorngerichten der letzten Zeit (Röm. 5:9; 1. Thess. 1:10; 5:9) oder im Anschluß an die sichtbare Wiederkunft des Herrn anzusetzen haben, lebendig gemacht werden, wenn Christus das ganze All dem Vater untertänig gemacht hat. Das ist noch nicht sofort der Fall bei der Schöpfung des neuen Himmels und der neuen Erde. Daß auch dann noch nicht alles vollkommen ist, darauf weist Offb. 22:2 hin, wo von den Blättern der Lebensbäume im neuen Jerusalem gesagt wird, daß sie zur Gesundung der Nationen dienen. Dem entspricht, was hier Paulus anführt, daß vor der Aufhebung des Todes alle Herrschaft, Obrigkeit und Gewalt – wir haben nicht bloß an die irdische, sondern auch an die himmlische Welt zu denken – aufgehoben werden muß. Das ist das Ziel, daß jedes Wesen auf Erden und im Himmel Jesus untertänig wird, daß es keiner anderen vermittelnden Macht mehr bedarf, daß Gottes Wille vollkommen im ganzen Weltall geschehe. Als letzter Feind, der aufgehoben werden muß, wird der Tod bezeichnet. Da auf der neuen Erde der Tod nicht mehr herrscht (Offb. 21:4), kann die Aufhebung des Todes sich nur auf den zweiten Tod beziehen. Das bedeutet also: Christus wird Sein Werk damit krönen, daß Er alle die, die am Ende des tausendjährigen Reiches auferweckt und in den Feuersee geworfen wurden, nun auferweckt zum Leben, d. h. zur Seligkeit und Herrlichkeit. Nur wenn wir so erklären, bleibt dem „alle" in 1. Kor. 15:22 seine volle Bedeutung. Wer alle die, die im Erdenleben nicht an Jesus gläubig geworden sind, zu endlosen Höllenqualen verurteilt wissen will, weiß mit den Worten des Apostels nichts anzufangen und wird zu unmöglichen Schlußfolgerungen gedrängt.

Als Beispiel führen wir an, was einer unserer Gegner in einer sonst sehr beachtenswerten Schrift über das große Kapitel von der Totenauferstehung sagt. Da heißt es zu unserer Stelle: „Ohne Zweifel redet der Apostel hier von der Belebung als Todesüberwindung im Sinne des Heils, der Seligkeit, nicht von der Auferweckung zum Gericht, zu Seligkeit oder Verdammnis. Darum lieben die Anwälte der endlichen Beseligung aller oder der Allversöhnung diese paulinische Aussage als Hauptbeleg für ihre Auffassung. Es fragt sich jedoch, ob sie damit im Recht sind. Daß Paulus den Anteil am Leben, Sieg und Reich unbedingt durch den Glauben vermittelt weiß, hat er in anderen Zusammenhängen deutlich genug ausgesprochen; hier hebt er nicht sowohl dies hervor als vielmehr die Vollkommenheit der Gesamtwirkung, die vom Auferstandenen ausgehen wird, und er kann jene Beziehung auf den Glauben stillschweigend im Sinne haben, ohne daß er deswegen genötigt ist, seine Aussage über die Universalauferstehung zu verklausulieren; denn was durch sie von Christus umfaßt wird, ist nach göttlichem Urteil die Gesamtheit, ein Ertrag, an dem nichts fehlt. Menschliche Logik ist freilich unvermögend, den Widerspruch, der vorzuliegen scheint, denkend zu überwinden: Gesamtheit, die sich auf den Glauben beschränkt!"

Wir sind der Ansicht: Mit solch einer verzweifelten Auslegung beweist der Schreiber der vorstehenden Sätze, daß die „Anwälte der Allversöhnung" im Rechte sind, wenn sie die Worte des Apostels so nehmen, wie sie dastehen. Durch einen M e n s c h e n kommt der Tod und durch einen M e n s c h e n kommt die Auferstehung der Toten. Denn wie sie in Adam *alle* sterben – Paulus hat dabei, was auch nicht bestritten wird, die ganze Nachkommenschaft Adams im Auge –, also werden sie in Christus *alle* lebendig gemacht werden. Wie das erste „alle" die Gesamtheit der Menschen umfaßt, so muß es auch bei dem zweiten sein. Alle hängen mit Adam zusammen, ebenso hängen aber alle, auch die Ungläubigen, mit Christus zusammen, denn „ i n Ihm (Luther ungenau: d u r c h Ihn) ist alles geschaffen, was im Himmel und auf Erden ist", Kol. 1:16. Oder ist die Tatsache, daß nur verhältnismäßig wenige während ihres Erdenlebens an Christus glauben und darum auch nicht die Rettung erlangen, ein Beweis dagegen, daß Christus noch einmal alle, auch die ungläubig Verstorbenen, zur Auferstehung des Lebens bringt? Der Herr Selbst sagt von denen, die den heiligen Geist lästern, daß ihnen nicht vergeben wird weder in diesem noch in jenem Äon (Matth. 12:32). Ist dadurch ausgeschlossen, daß ihnen später, nachdem die Äonen ihren Lauf vollendet, nicht noch geholfen werden kann? Wie ist denn aus dem Pharisäer Saulus, der eben noch mit Dräuen und Morden wider die Jünger des Herrn schnaubte, mit einem Schlage der Mensch geworden, der zu Jesus sprach: „Herr, was willst Du, daß ich tun soll?" Dadurch, daß er den erhöhten Herrn in Seiner himmlischen Herrlichkeit schaute, wie Ihn nie zuvor ein Mensch geschaut. Und wenn der Apostel nach 1. Tim. 1:16 deshalb Erbarmen erlangt, auf daß an ihm als erstem Jesus Christus sämtliche Geduld zur Schau stelle als Muster denen, die künftig an ihn glauben würden – dürfen wir nicht annehmen, daß in ganz besonderer Weise nach dem Muster der Bekehrung des Paulus die dereinstige Bekehrung des Volkes Israel in der Endzeit sich vollziehen werde? Was sagt Gottes Wort darüber? Sach. 12:10 heißt es: „Aber über das Haus Davids und über die Bürger Jerusalems will Ich ausgießen den Geist der Gnade und des Gebets, und sie werden Mich ansehen, welchen sie zerstochen haben." Und dem entspricht es, was wir in Offb. 1:7 lesen: „Siehe, Er kommt mit den Wolken, und es werden Ihn sehen alle Augen und die Ihn gestochen haben und werden wehklagen um Ihn alle Stämme des Landes." So wird sich die Erneuerung des jüdischen Volkes in der letzten Zeit vollziehen. Ist das noch das „Nichtsehen und doch Glauben", auf das wir in der gegenwärtigen Gnadenverwaltung angewiesen sind? Und sollte es dem Herrn unmöglich sein, diejenigen, die im Unglauben sterben – und das sind doch die große Mehrzahl aller Menschen – und die deshalb in das ernste Gericht vor dem großen weißen Thron kommen und dem zweiten Tod verfallen, noch zu Seligkeit und Herrlichkeit zu führen? Wir werden auf diese Frage noch zurückkommen.

Rechtfertigung des Lebens für alle

Wer aber der Meinung ist, daß wir die Ausführungen des

Apostels 1. Kor. 15:20—28 nicht richtig verstanden haben, den verweisen wir auf Röm. 5:12—21.

Hier begegnet uns ein ähnlicher Gedankengang. Auch hier stellt Paulus Adam und Christus einander gegenüber. Von beiden gehen Wirkungen aus, die sich auf die gesamte Menschheit erstrecken. Kein einziger Mensch ist selber Herr seines Schicksals. Aller Geschick wird auf der einen Seite durch Adam, auf der anderen durch Christus bestimmt. Während aber in 1. Kor. 15 der Apostel sich auf den Gegensatz von Leben und Tod beschränkt, geht er in Röm. 5 auf die letzte Ursache ein: Sünde und Gnade.

Wir suchen im folgenden den Gedankengang des Apostels darzulegen. Durch e i n e n Menschen ist die Sünde in die Welt gekommen und durch die Sünde der Tod und drang zu allen Menschen durch, woraufhin (so Zahn, Knoch u. a) alle sündigten. Das heißt: Die Sterblichkeit Adams vererbte sich auf alle seine Nachkommen. Infolge der verminderten Lebenskraft sind sie nicht mehr fähig, den Willen Gottes vollkommen zu erfüllen, sie ermangeln der Herrlichkeit Gottes (Röm. 3:23), sie verfehlen das Ziel, sie reichen in ihrem entarteten Zustand nicht heran an das, was sie nach Gottes Willen sein sollten. Es liegt klar zutage, daß die einzelnen Nachkommen Adams infolge s e i n e r und nicht ihrer e i g e n e n Sünde sterben müssen. Denn, sagt Paulus, Sünde war wohl an der Tagesordnung (so Th. Daechsel richtig statt „in der Welt") auch schon in der Zeit von Adam bis auf Mose, einer im großen und ganzen gesetzlosen Zeit. Wo aber kein Gesetz Gottes vorhanden ist, es sich also nicht um bewußte Auflehnung gegen den göttlichen Gesetzgeber handeln kann, da wird, wie Paulus sagt, die Sünde nicht angerechnet. Dennoch herrschte der Tod als König auch in dieser Zeit, und keiner konnte sich seiner Herrschaft entziehen, obwohl sie nicht gesündigt hatten nach Art der Übertretung Adams. Das ist ein Typus, ein Vorbild des Zukünftigen. Das bedeutet also: Wie der erste Adam das

Geschick aller Menschen bestimmt, ohne daß dabei ihr eigener Wille in Betracht kommt und ohne daß von vornherein ein Verschulden ihrerseits vorliegt, so bestimmt auf der anderen Seite der zweite Adam, Christus, das Geschick aller dieser Menschen, ohne daß sich einer dem entziehen kann, nur in der entgegengesetzten Richtung. Ebenso wie durch e i n e n Menschen, Adam, die Sünde in die Welt kam und durch die Sünde der Tod und der Tod durchdrang zu allen Menschen, woraufhin sie auch nun ihrerseits alle sündigten, ebenso kommt durch e i n e n Menschen, Christus, die *Gnade zu allen Menschen* und durch die Gnade Gerechtigkeit und Leben.

Aber nun ist das Gnadenwerk Gottes in Christus nicht nur so eben der Höhe der Versündigung der Menschen angepaßt. Der zweite Adam ist unendlich viel größer als der erste; Gnade ist etwas unbeschreiblich Machtvolleres und Herrlicheres als Unterschlagung (das griechische Wort paraptoma, das Luther wie verschiedene andere griechischen Wörter, ohne Unterschied zwischen ihnen zu machen, mit Sünde oder auch Übertretung übersetzt, bedeutet wörtlich „Danebenwurf". Im römischen Reiche waren damals an allerlei Plätzen Briefkästen aufgestellt zum Einwurf von Steuererklärungen. Falsche Angaben, inbesondere das Verschweigen von Einkünften, wurde als „Danebenwurf", d. h. Unterschlagung, Steuerhinterziehung bezeichnet und schwer bestraft.) Gott ersetzt nicht bloß in Christus, was durch Adam verlorenging, sondern führt die Menschheit zu einem viel höheren Stand, als ihn Adam vor dem Falle hatte. Denn während durch die Unterschlagung des einen die große Masse (Luther: viele) sterben mußte, so wirkt sich die Gnade Gottes und die Gabe in der Gnade des e i n e n Menschen Jesus Christus zwar auch an den Vielen, aber doch in sehr viel reicherem Maße aus. Und bei dem Gnadengeschenk ist die Wirkung nicht so wie dort, wo ein einziger gefehlt hat. Denn dort lautete das auf Grund der Unterschlagung nur eines einzigen ergangene Urteil auf dauernde Schuldbelastung. Hier aber führt das Geschenk aus Anlaß der Unterschlagung vieler zu einem dauernden Rechtsanspruch (so Th. Daechsel). Denn wenn dort infolge der Unterschlagung des einen der Tod königlich herrschte durch den einen, wieviel gewisser werden die, welche den Überschwang der Gnade und der Gabe der Gerechtigkeit (Daechsel: des Ausgleichs mit Gott) annehmen, durch den Einen, Jesus Christus, als Könige herrschen im Leben! Demnach also: Wie es durch eine einzige Unterschlagung für alle Menschen zu einer dauernden Schuldbelastung gekommen ist, geradeso kommt es durch e i n e Rechtstat (Daechsel: e i n Rechtsguthaben) für alle Menschen zu einer dauernden Zuerkennung von Leben. Denn geradeso wie durch den Ungehorsam des e i n e n Menschen die große Masse als fehlerhaft hingestellt worden ist, so wird auch durch den Gehorsam des Einen die große Masse als gerecht, als in Richtigkeit mit Gott befindlich, hingestellt. Ein Gesetz aber ist nur nebenbei hereingekommen, um die Unterschlagung zu steigern. Wo aber die Verfehlung sich gemehrt hat, da hat die Gnade überschwenglich sich ergossen, damit, wie die Sünde königlich herrschte im allgemeinen Todeslose, so auch die Gnade königlich herrsche infolge eingetretenen Ausgleichs zu äonischem Leben durch Jesus Christus, unseren Herrn.

Man mag den griechischen Text hier und da anders übersetzen, als wir es getan haben – das ist nicht wegzuleugnen: Paulus stellt in diesem Abschnitt Adam und Christus gegenüber als die, von denen das Geschick aller Menschen abhängt. Er sagt so klar und deutlich, als es nur möglich ist, daß die Wirkungen, die von Christus ausgehen, sich ebenso weit erstrecken wie die Wirkungen, die von Adam ausgehen, aber nun in einem weit gesteigerten Maße. Wie aus dem Fall des einen, Adam, Tod und Sünde zu den Vielen, der großen Masse, gekommen sind, so kommen noch viel gewisser aus der Rechtstat eines einzelnen, Christus, Gerechtigkeit und Leben zu den Vielen. Hier ist mit keinem Wort von Bedingungen, von Buße und Glaube die Rede. Welchen Sinn hätten die ganzen Ausführungen des Apostels, wenn er der Meinung wäre, daß alle Menschen bedingungslos durch ihre Abstammung von Adam in Tod, Sünde, Verdammnis geraten, aber nur die verhältnismäßig wenigen, die an Christus, den Gekreuzigten und Auferstandenen, glauben, Gnade, Gerechtigkeit, Leben erlangen? Hätte er dann wirklich schreiben können, wie wir in Vers 20 lesen: „Wo aber die Sünde mächtig geworden ist, da ist doch die Gnade viel mächtiger geworden"? Ach nein, dann gingen von Adam viel gewaltigere Wirkungen aus als von Christus, dann vermöchte die Sünde weit mehr als die Gnade!

Fürbitte und Dank für alle Menschen

Wir haben bisher die Abschnitte betrachtet, in denen Paulus ausführlich und unseres Erachtens mit aller Deutlichkeit die Allaussöhnung lehrt. Dabei ist noch zu beachten, daß es dem Apostel nicht darauf ankam, an diesen Stellen Gegner dieser Lehre zu überzeugen, sondern nur im allgemeinen die Größe des Erlösungswerkes Christi darzutun. Nun finden sich aber in den Briefen des Apostels noch mehrere Einzelworte, die uns in unserer Überzeugung nur bestärken können.

Von besonderer Wichtigkeit erscheinen uns da zunächst mehrere Verse aus dem Abschnitt 1. Tim. 2:1–7. In den Anweisungen für das gottesdienstliche Leben, die der Apostel darin gibt, mahnt er vorerst zu Gebet, Anbetung, Fürbitte und Danksagung für alle Menschen. Aus Vers 4 geht hervor, worauf hauptsächlich diese Gebete abzielen sollen, nämlich daß *alle gerettet werden* (wörtliche Übersetzung) und zur Erkenntnis der Wahrheit kommen. Wir verzichten auf eine ausführliche Erklärung des vorliegenden Abschnittes, möchten aber die Frage aufwerfen: Können wir wirklich für alle Menschen aufrichtigen Herzens Gott Anbetung und Danksagung bringen, wenn nicht alle schließlich das Heil erlangen? Ist nicht das Leben vieler

Menschen eine Kette von fortlaufenden Leiden – wir brauchen ja nur an das fürchterliche Erleben so vieler seit 1933 zu denken –, und wenn es sich noch dazu um Menschen handelt, die nie das Evangelium gehört, oder doch nicht so, daß es irgendwelchen Eindruck auf sie machte, und die nichts erfahren haben von dem Frieden, dem Trost, der Hoffnung, die das Evangelium geben kann, und zuletzt soll noch endlose Höllenqual auf sie warten – und dafür sollen wir Gott danken? Das kann doch kein Mensch von uns verlangen und ganz und gar nicht ein solcher, der so von Gottesliebe durchdrungen war wie der Apostel Paulus. Wäre es dann für die große Mehrzahl der Menschen nicht besser, sie wäre nie geboren? Wäre dann nicht viel mehr Grund, sie zu beklagen, als für sie zu danken? Wie ganz anders, wenn uns feststeht, daß Gott mit allen Menschen Gedanken des Friedens hat, daß er für alle ein Herz voll Liebe hat, daß Seine Wege für alle in Licht und Herrlichkeit enden. Und das i s t das Ziel, das Gott mit allen im Auge hat.

Wie kann diese Erkenntnis zum Beten treiben, zur Anbetung, zum Dank und Lobpreis für die großen Gedanken Gottes und zu Bitten allerlei Art! Um nur einiges zu nennen: daß in der sogenannten Christenheit wie in der Heidenwelt das Evangelium in Kraft des Geistes gepredigt werde; daß die von Gott Auserwählten zum Glauben kommen; daß die Gläubigen wachsen in der Gnade und Erkenntnis unseres Herrn Jesu Christi und daß auch alle Geschicke dieser Zeit ihnen zum Guten zusammenwirken; daß der Gott, der seine Sonne scheinen läßt über Gute und Böse und regnen läßt über Gerechte und Ungerechte, in den schweren Zeiten, die wir durchleben, alle Menschen auch etwas erfahren lasse von seiner Güte und Freundlichkeit, von seiner Willigkeit, allen zu helfen, die ihn anrufen; daß die Gemeinde, der „Körper Christi", zubereitet werde auf den Tag der Entrückung (1. Thess. 4:17); daß die darauffolgende Gerichtszeit schnell überstanden werde im Sinne des Liedes: „Betet, daß die letzte Zeit vollends übergehe, daß man

Christi Herrlichkeit offenbaret sehe. Stimmet ein insgemein mit der Engel Sehnen nach dem Tag, dem schönen"; daß Israel seiner Bestimmung, wenn Christus das Königreich auf Erden aufgerichtet hat, der ganzen Völkerwelt zum Segen zu werden, entgegengeführt werde; daß Gott sein großes Werk weitertreibe, bis endlich der Tag anbricht, da die Sünde und alles Übel und Leid, das aus ihr gekommen, aus dem Weltall verschwunden ist und Gott sein wird alles in allen und in allem.

Wir brauchen nicht zu fürchten, daß wir mit solchem Beten Gott lästig fallen, nein, es ist Ihm willkommen. Wir dürfen wohl sagen: Gott wartet auf solches Beten, Er will und wird nicht zu Seinem Ziele kommen ohne die Gebete der Seinen; der Allmächtige macht Sich darin gewissermaßen abhängig von Seinen schwachen, ohnmächtigen Geschöpfen. Und Er wird es erreichen, daß schließlich alle gerettet sind, denn das ist nicht ein bloßer Wunsch von Ihm, auf dessen Erfüllung Er allenfalls auch verzichten könnte, sondern es ist Sein Wille. Das Wort *thelein*, das im Griechischen an unserer Stelle steht, bedeutet nach Th. Daechsel in der Koine, der griechischen Volkssprache zur Zeit der Apostel, ein entschlossenes und nachhaltiges Wollen und deshalb übersetzt er auch: „Gott, der sich entschlossen hat, alle Menschen zu retten."

Gewiß, es geschieht durchaus nicht alles, was Gott will. Er hat z. B. Israel Seinen Willen kundgetan in dem Gesetz, das Er ihm gegeben, und dieser Sein Wille ist durch alle Zeiten hindurch tausendfach mißachtet und übertreten worden. Hier aber handelt es sich um den Willen Gottes, der Eph. 1:5 und 9–11 in Verbindung gebracht wird mit dem Vorsatz, dem Ratschluß, dem Weltplan Gottes, den Er sich unmöglich durch irgendeine Macht Himmels und der Erde und sicher ganz und gar nicht durch den sogenannten freien Willen sündiger Menschen wird vereiteln lassen. Gott wird seine Auserwählten retten, aber Er kann und wird Sich nicht mit der Rettung einer kleinen Schar von Menschen zufrieden geben, denn wie der Apostel sagt:

„Einer ist Gott! Einer zugleich als Mittler zwischen Gott und Menschen ist Mensch: Christus Jesus", so möchten wir mit Th. Daechsel übersetzen, der dafür allerdings nur anführt, daß, wenn die übliche Übersetzung: „Einer ist Mittler, der Mensch Christus Jesus" richtig sein sollte, vor den Worten „Mensch Christus Jesus" unbedingt der Artikel (der) stehen müßte, was im Griechischen nicht der Fall ist, und inhaltlich seine Übersetzung nicht begründet. Wir möchten aber unsererseits darauf hinweisen, daß nur bei dieser Übersetzung der große Gedanke des Apostels klar und bestimmt hervortritt in wundervoller Übereinstimmung mit den oben behandelten Abschnitten 1. Kor. 15:20–28 und Röm. 5:12–21. Zwei Menschen wirken darnach bestimmend auf das Schicksal aller anderen. Adam bringt über alle Tod, Sünde, Verurteilung; Christus über alle Gnade, Leben, Gerechtigkeit. Als Mittler zwischen Gott und Menschen kommt nur e i n Mensch in Betracht, darum Paulus: „Einer ist Mensch." Sowenig Gott in Sich Selber geteilt ist, daß Er etwa einen kleinen Teil der Menschen rettet, die anderen aber nicht, sowenig ist der e i n e Mensch, der für die Rettung der anderen in Betracht kommt, in Sich geteilt, Christus Jesus, denn Er hat Sich Selbst gegeben als Lösegeld f ü r a l l e. Einer ist Gott, Einer auch, als Mittler zwischen Gott und Menschen, ist Mensch: Christus Jesus, der Sich Selbst gegeben hat als Lösegeld für alle – in diesem so prägnant formulierten Satze, vielleicht aus einem liturgischen Formular jener Zeit, faßt Paulus kurz die Heilswahrheit zusammen, die zu den von Gott dafür bestimmten Zeiten bezeugt werden soll, wozu eigens Paulus eingesetzt ist, wie er sagt, als Herold und Apostel, ein Lehrer der Heiden, d. h. der nichtjüdischen Nationen, in Sachen des Glaubens und der Wahrheit.

Wie oft hat sich Paulus als Apostel der Nichtjuden bezeichnet – wir verweisen auf Apg. 26:17; Röm. 1:5; 11:13; 15:16; Gal. 1:16; 2:9; Eph. 3:1; 3:8. Wie wenig ist das in der christlichen Kirche bis auf den heutigen Tag beachtet worden. Die Zwölfe waren von dem Herrn für Israel bestellt; ihre Schriften werden auch noch einmal für Israel in den kommenden Zeiten vor und nach der Wiederkunft des Herrn eine besondere Bedeutung haben. Aber für „die Zeiten der Nationen" (Luk. 21:24), während derer Israel beiseite gesetzt ist, ist Paulus, und er allein, d e r Apostel, also auch für uns. Die Zwölfe wußten und verkündigten nichts von dem „Gleichnis der Gemeinde Christi, die da ist Sein Körper" (Eph. 1:23; 3:3 und 7 ff.). So wertvoll uns auch die Schriften eines Petrus und Johannes sind, so dankbar wir Gott auch für sie sind, über den besonderen Ratschluß Gottes mit den Nichtjuden in der gegenwärtigen Heilsökonomie geben sie uns keine Auskunft und keine Weisung. Umgekehrt ist manches in den Schriften des Apostels Paulus nicht passend für das Israel der Endzeit und des tausendjährigen Reiches. Was z. B. Paulus über die Entrückung in 1. Thess. 4 schreibt, gilt nicht für Israel, abgesehen von den wenigen Judenchristen, die auf ihre nationalen Vorrechte verzichteten und in „der Gemeinde, die da ist Sein Körper" aufgingen. Das gläubige Israel, die „Braut", hat seine Bestimmung auf der Erde, die Körpergemeinde hat ihre Zukunft „unter den Himmlischen". Beides muß voneinander geschieden bleiben. Jede Vermengung kann nur Irrtum und Verwirrung stiften.

Gott ist der Retter aller Menschen

In unserer Auffassung von 1. Tim. 2:4—6 kann uns nur bestärken Kap. 4:10 desselben Briefes, wo es von Gott heißt: „der ein *Retter aller Menschen* ist, vor allem aber der Gläubigen". Hier wird es mit aller Deutlichkeit ausgesprochen, daß Gott der Retter aller Menschen nicht nur sein w i l l, sondern es auch i s t. In der gegenwärtigen Gnadenhaushaltung ist Er es nur für die Glaubenden, denn jetzt gibt es keinen anderen Weg zur Rettung als den Glauben. Wenn Gott aber in erster Linie der Retter der Gläubigen ist, so liegt darin doch, daß Er es auch noch für andere ist. Und Er wird es in der Zukunft sein auch für alle, die nicht den Weg des Glaubens gegangen sind und zum großen Teil ihn überhaupt nicht gehen konnten. Wie gewichtig diese Stelle für die Lehre von der Allaussöhnung ist, dafür legt die sogenannte Elberfelder Übersetzung, deren Herausgeber, Darbysten, entschiedene Anhänger der Lehre von den endlosen Höllenqualen sind, beredtes Zeugnis ab. Sie sagt hier nämlich: „welcher aller Menschen Erhalter ist". Das griechische Wort *soter*, welches die Elberfelder sonst richtig mit Heiland oder Erretter wiedergibt, verdeutscht sie hier und nur hier mit Erhalter. Warum? Offenbar weil man fürchtete, durch die richtige Übersetzung die Lehre von der endlichen Errettung aller zu stützen.

Aus derselben Befürchtung heraus haben die Revisoren einer chinesischen Bibel das Wort 1. Kor. 15:28: „auf daß Gott sei alles in allen" umgeändert in „auf daß Gott sei Herr über alle". Als Grund dieser Änderung, die auf eine bewußte Fälschung hinausläuft und jedenfalls wenig Ehrfurcht vor dem Worte Gottes beweist, führen sie selber an, daß die wörtliche Wiedergabe im Sinne der Errettung aller verstanden werden könne, was nach ihrer Überzeugung ein Irrtum sei. Es ist wohl nicht nötig, dem noch viel hinzuzufügen. Wenn Gott erst einmal alles in allen oder in allem – beide Übersetzungen sind möglich – sein wird, dann ist im ganzen Weltall kein Raum für irgendein Wesen, das nicht in völliger Harmonie mit Gott ist.

Alle Zungen huldigen Jesus Christus

Schließlich sei noch erinnert an Phil. 2:10–11: „daß in dem Namen Jesu sich beugen sollen aller derer Knie, die im Himmel und auf Erden und unter der Erde sind, und alle Zungen bekennen (Knoch: huldigen) sollen, daß Jesus Christus der Herr sei zur Ehre Gottes des Vaters". Die Gegner der Allaussöhnung pflegen dieses Wort so zu erklären: Gewiß, am Ende werden alle vor Christus als dem Herrn ihre Knie beugen, die einen, die Geretteten, freiwillig, anbetend, aus tiefstem Herzensgrund, die anderen, die Verdammten, dagegen gezwungen, mit Widerwillen. Wir möchten demgegenüber zunächst die Frage stellen: Würde es denn wirklich eine Ehre für Gott bedeuten, wenn schließlich auch alle bösen Menschen und bösen Geister gezwungen, zähneknirschend sich vor Christus beugten? Bedurfte es dazu der Erniedrigung Christi bis zum Tode am Kreuz und Seiner darauf folgenden Erhöhung? Ist nicht durch Christus alles geschaffen, was im Himmel und auf Erden ist, und Er deshalb schon der Herr der ganzen Schöpfung? Hätte nicht Gott, der Allmächtige, seit Jahrtausenden das schon jeden Tag erzwingen können, daß alle Feinde vor Seinem herrlichen Sohne ihre Knie beugten? Nein, der Gedanke des Apostels ist ein ganz anderer. In tiefer Bewegung weist er die Gläubigen in Philippi auf Christus hin, der die hohe Stellung, die Er nach Gottes Willen im Weltall einnahm, um der anderen willen freiwillig aufgab und einen Abstieg vollzog wie nie ein anderer, um schließlich wie ein gemeiner Verbrecher Sich ans Kreuz schlagen zu lassen, und das aus reinster, selbstloser Liebe, um die Sache einer verlorenen Welt wieder aufwärts zu führen. Durch Leiden wollte Gott Seinen Sohn vollenden. Durch Gehorsam sollte Er zum Weltenherrscher, durch tiefste Erniedrigung zum höchsten Thron vorbereitet werden. Nicht um Seiner göttlichen Geburt willen sollten einst alle geschaffenen Geister vor Ihm sich beugen, sondern auf Grund Seiner persönlichen Tüchtigkeit, Seiner einzigartigen Treue gegen Seinen himmlischen Vater wie gegen Seine sündigen Brüder, überwunden durch Seine innere Größe, Seine selbstlose Liebe, Seine alle überragende Herrlichkeit. Ein freiwilliges, Jesus ehrendes Sichbeugen aller geschaffenen Geister ist's, was der Apostel vor Augen hat.

So allein entspricht es dem Gedankenweg des Apostels und auch der Bedeutung des Wortes *exhomologein* bzw. *exhomologeisthai*, bekennen. Das einfache Zeitwort, ohne die Präposition ex kommt im Neuen Testament an folgenden Stellen vor: Matth. 7:23; 10:32; 14:7; Luk. 12:8 (zweimal); Joh. 1:20; 9:22; 12:42; Apg. 7:17; 23:8; 24:14; Röm. 10:9–10; 1. Tim. 6:12; Tit. 1:16; Hebr. 11:13; 13:15; 1. Joh. 1:9; 2:23; 4:2, 3, 15; 2. Joh. 7; Offb. 3:5; im ganzen 25 mal. Das Hauptwort homologia, Bekenntnis, findet sich 2. Kor. 9:13; 1. Tim. 6:12, 13; Hebr. 3:1; 4:14; 10:23; das ist sechsmal. Wer diese Stellen nachliest, kann sich davon überzeugen, daß in allen ohne Ausnahme das Wort nur im Sinne eines ungezwungenen, freiwilligen, sogar freudigen Bekennens gebraucht wird. In unserer Stelle hat Paulus die verstärkte Form *exhomologeisthai*. Dem gewöhnlichen Zeitwort ist die Silbe ex (aus) vorgesetzt, um auszudrücken, daß das Bekenntnis so recht aus dem Herzen kommt. So Matth. 3:6; 11:25; Mark. 1:5; Luk. 10:21; Apg. 19:18; Röm. 14:11; 15:9; siebenmal. Im ganzen haben wir also das einfache und zusammengesetzte Wort nicht weniger als 38 mal im Neuen Testament. Erwähnt sei noch, daß Matth. 11:25 und Luk. 10:21 Luther durchaus sinngemäß übersetzt: „Ich preise Dich." Und ausgerechnet Phil. 2:11 soll das griechische Wort ein erzwungenes, widerwilliges Bekennen bedeuten? Und wie sollte Gott gerade als Vater verherrlicht werden durch das Bekenntnis von Menschen, die nur gezwungen vor Christus sich beugen?

Wenn wir zurückblicken auf alle die von uns in den vorangegangenen Ausführungen behandelten Paulusworte (Kol. 1:16 bis 22; 1. Kor. 15:20–28; Röm. 5:12–21; 1. Tim. 2:1–7; 4:10; Phil. 2:10–11), so scheint es uns unwiderleglich: Der Apostel lehrt die Allaussöhnung. Demgegenüber erhebt sich nun freilich die Frage: Wie ist es denn zu erklären, daß dies in der christlichen Kirche alle die Jahrhunderte hindurch bis auf den heutigen Tag von so vielen verkannt und so hartnäckig bestritten worden ist? Unseres Erachtens war dies nur möglich durch die Annahme, in den Evangelien werde unmißverständlich die endlose Höllenqual der Verdammten gelehrt, zudem wisse die ganze übrige Schrift nichts von einer Allaussöhnung, also müßten die Pauluswörte, die dafür zu sprechen schienen, anders verstanden werden. Richten wir deshalb unseren Blick nun auf

IV.

Die nichtpaulinischen Teile der Bibel und die Allaussöhnung

Wir geben ohne weiteres zu: In d e r Eindeutigkeit und Ausführlichkeit, wie es Paulus in seinen Briefen tut, reden weder die Evangelien noch sonst ein Buch der Bibel von der Allaussöhnung, und es sind nur wenige Worte, die wir dafür anziehen können, zumal wenn wir auf solche verzichten, die nicht ganz klar und eindeutig sind.

Der Schlange wird der Kopf zermalmt

1. Mose 3:15 verheißt Gott, daß der Weibessame der Schlange den Kopf zertreten soll. Man hat dieses Wort das Protevangelium, das erste Evangelium in der Bibel genannt. Über den Sinn dieser bildlichen Rede kann gewiß kein Zweifel sein: Der Satan soll einmal völlig unschädlich gemacht werden. Aber dieses Wort enthielte keine Verheißung für die ersten Menschen und ihre Nachkommen bis zur Zeit der Erfüllung, es wäre kein Evangelium, d. h. keine frohe Botschaft, wenn es nicht in sich schlösse, daß auch alles Unheil, das der Satan angerichtet, völlig aufgehoben und wieder gutgemacht werden solle. Oder könnten wir das schon als eine Erfüllung dieser Weissagung ansehen, wenn wir, ein verschwindend kleiner Prozentsatz der Menschheit, die wenigen, die während ihres Erdenlebens sich durch Christus retten lassen, zur Seligkeit gelangten? Die Frage stellen, heißt sie verneinen. Und die hier gegebene Verheißung hat Gott niemals eingeschränkt, wie Er sie auch von vornherein nicht an bestimmte Bedingungen gebunden hat. Alle Gottesverheißungen sind Ja in Christus und sind Amen in

Ihm, Gott zu Lobe. So schreibt auch Michael Hahn, der tief erleuchtete schwäbische Gottesmann: „Der Erzfeind hat's verderbt; das heilige Wesen aber, Jesus, wird's gutmachen. Er wird mit Seiner Lebenskraft dem Tode ein Gift und der Hölle eine Pestilenz sein, denn Er wird alles neu machen. Denn der verherrlichte Gottmensch ist die erste Mittelsubstanz im Licht; durch Ihn wirkt Gott vom Innersten aufs Äußerste, vom Untersten aufs Oberste, bis alles wiederbracht ist, was durch den Fall verdorben worden. Es wird mithin vom Fall nichts übrigbleiben in dem ganzen Schöpfungsreiche."

Das Jubeljahr

Wir wenden uns zum Gesetz Mosis. Der Hebräerbrief sagt davon 10:1: „Das Gesetz hat den Schatten von den zukünftigen Gütern, nicht das Wesen der Güter selbst." Und Kol. 2:16 bis 17 sagt Paulus ebenso von den gesetzlichen Bestimmungen über Speise, Trank, Feiertage und dgl.: „Welches ist der Schatten von dem, das zukünftig war, aber der Körper ist in Christus." Hebr. 7:19 lesen wir: „Das Gesetz hat nichts zur Vollendung gebracht." Denken wir nur einmal an die Bestimmungen über das Hall- und Jubeljahr, 3. Mose 25. Nach je sieben Jahrwochen, also nach je 49 Jahren, soll ein dem Herrn besonders geheiligtes Freijahr ausgerufen werden – Vers 10: „Ihr sollt das 50. Jahr heiligen und sollt ein Freijahr ausrufen im Lande allen, die darin wohnen, da soll ein jeglicher bei euch wieder zu seiner Habe und zu seinem Geschlecht kommen." In zwei Punkten sollte der durch den Wechsel der Zeit veränderte soziale Zustand des Volkes nach Ablauf von 49 Jahren wieder auf den richtigen Anfang zurückgebracht werden: 1. in bezug auf die persönliche Freiheit. Israeliten, welche leibeigen geworden waren, was namentlich infolge von Verarmung und Verschuldung geschehen konnte, wurden in diesem Jahre unentgeltlich frei. 2. in bezug auf den Grundbesitz, soweit derselbe

Losteil der Familie war. Wenn dieser eigentlich unveräußerliche Besitz infolge Verarmung und dgl. verkauft wurde, sollte er im 50. Jahre dem rechtlichen Eigentümer wieder zufallen. Der Verkauf war also mehr eine Verpachtung, ein Verkauf des Ertrages bis zum Halljahr, nach dessen Nähe der Preis sich richtete. Die 49 Jahre sind eine Sabbatperiode. Das Halljahr, eigentlich Jobeljahr, weil mit dem Jobel, dem Lärmhorn, der Beginn eines solchen Jahres verkündigt wurde, stellt die Sabbatidee in weitestem Maße verwirklicht dar zu dem Ziele hin, daß da alles in dem Volke Gottes zu dem gottgewollten Zustand zurückkehre. Alles Gestörte soll wiederhergestellt, alles Entfremdete wiedergebracht, alles unfrei Gewordene erlöst werden.

Dürfen wir nicht in der Einrichtung des Halljahres eine Weissagung sehen, ein wundervolles Bild dessen, was Gott mit dem ganzen Weltall vorhat? Und wenn das Gesetz auch nach dieser Seite hin in Israel seine Unvollkommenheit bewiesen hat, wird nicht nach dem Wort des Herrn Luk. 24:44 alles aufs herrlichste erfüllt werden, was von ihm geschrieben steht im Gesetz Mosis? „Wird und muß nicht ein großes Hall- und Jubeljahr kommen, da nicht nur Israels Knechtschaft endet und alle Gebundenen frei und ledig werden, da jedes durch die schwerste Schuld verwirkte und verlorene Erbteil wieder zurückkommen wird zu denen, welchen es bestimmt war im göttlichen Rat? Kann denn alle diese Schrift, nein, kann irgendeine Schrift gebrochen werden, d. h. unerfüllt bleiben? Nimmermehr!" (Ströter).

Die Erstgeborenen für die Nachgeborenen

Denken wir weiter an die Bestimmungen über den Erstgeborenen. Er hatte nicht nur in der Geburt den Weg zu bahnen für die Nachgeborenen, er sollte auch priesterlich eintreten für die jüngeren Brüder und das Regiment über sie führen. Dafür bekam er ein doppeltes Erbteil. Er war selbstverständlich auch dazu berufen, der Löser seiner Brüder zu sein, der Goel, wenn sie verarmt waren, das verfallene Erbteil wiederzubringen usw. Vgl. 5. Mose 21:15–17; 2. Mose 13:2; Ruth 2:20; 4:6–10; 1. Chron. 5:1–2 usw. Und nun lesen wir, daß Paulus von Jesus schreibt, Er solle sein der Erstgeborene unter vielen Brüdern, und daß er Ihn nennt den Erstgeborenen aus den Toten (Röm. 8:29; Kol. 1:18; vgl. auch Offb. 1:5). Wenn Jesus sagt, die Schrift zeuge von Ihm, haben wir nicht allen Grund anzunehmen, daß Er alles das vollkommen tun werde, was das Gesetz den Erstgeborenen auferlegte, und daß Er nicht ruhen wird, bis Er alle Seine Brüder zurechtgebracht? Gewiß redet der Apostel Röm. 8:29 nur von denen, die nach Gottes Gnadenratschluß auserwählt sind vor der Grundlegung der Welt, weshalb er auch nicht von allen, sondern von vielen Brüdern spricht, aber wie ist es mit Hebr. 12:23: „Ihr seid gekommen zu der Gemeinde der Erstgeborenen?" Wenn die ganze Gemeinde der Gläubigen hier als eine Gemeinde der Erstgeborenen bezeichnet wird, liegt nicht darin, daß sie alle miteinander, in ihrer Gesamtheit, zu der Stellung und Würde eines erstgeborenen Sohnes berufen sind und, wenn die Zeiten gekommen sind, mit ihrem Haupt und Bruder Jesus Christus die wunderbare Arbeit der völligen Wiederherstellung alles dessen ausrichten werden, davon Gott geredet hat durch den Mund Seiner heiligen Propheten vom Äon an?

Das Licht, das alle Menschen erleuchtet

Aus den Evangelien möchten wir das Wort Joh. 1:9 heranziehen. Der Evangelist hat vorher auf den Zeugenberuf des Täufers hingewiesen. Er betont, daß Johannes nicht selber das Licht war, sondern nur davon zu zeugen hatte, und sagt dann Vers 9 von Jesus: „Das war das wahrhaftige Licht, das alle Menschen erleuchtet, die in diese Welt kommen." So Luther. Dagegen Knoch: „Es war das Licht, das wahrhaftige, das jeden Menschen erleuchtet, kommend in die Welt." Ähnlich Menge:

„Das wahre Licht, das jeden Menschen erleuchtet, kam gerade in die Welt." Wiese: „Es kam das wahre Licht, das jedweden Menschen erleuchtet, in die Welt." Reinhardt: „Das wahrhaftige Licht, das jeden Menschen erleuchtet, war in die Welt kommend."

Alle diese Übersetzer beziehen, was wir auch für das Richtige halten, die Worte „kommend in die Welt" auf Jesus. Die erleuchtende Tätigkeit des Herrn kann sich demnach, so auch Zahn in seinem Kommentar zum Johannesevangelium, nicht auf die Zeit des vormenschlichen Seins Jesu bei dem Vater, sondern nur auf die Zeit von seinem öffentlichen Auftreten unter Israel an beziehen. Es ist etwas ungemein Großes, was damit von Jesus gesagt wird: „Er erleuchtet *jeden* Menschen." Zahn schreibt: „Obwohl Er (Jesus) mit Seiner Selbstbezeugung Sich auf Sein Volk und Vaterland beschränkte und auch innerhalb dieses begrenzten Gebietes Sein Zeugnis bei weitem nicht alle erreichte und von der Mehrzahl derer, die es erreichte, verworfen wurde, war Er doch das Licht der Welt, der Menschen insgesamt, denn von Anfang an hatte Er die Gesamtheit im Sinn. Wie die Sonne für alle scheint, obwohl ihr Licht nicht alle Bewohner der Erdkugel gleichzeitig erreicht und obwohl es überall Blinde gibt, die sie nicht sehen, und kranke Augen, die ihr Glanz nur schmerzt und blendet, und müde Arbeiter oder Wanderer, die ihre Glut unerträglich finden, so ist der Logos (das Wort) Jesus Christus das Licht der Menschen ohne Unterschied, oder vielmehr Er war es, solange Er auf Erden weilte." Zahn weist weiter darauf hin, daß Jesus bei Seinem Scheiden Menschen auf Erden zurückließ, die durch gläubige Annahme Seines Wortes Kinder des Lichts geworden sind und Sein Wort aller Welt verkündigen sollen, durch sie setzt Seine die Welt erleuchtende Wirkung sich fort. Er Selbst wird die in der weiten Welt Zerstreuten nach der Hingabe Seines Lebens herbeiführen und sammeln und alle zu Sich ziehen. Zahn schreibt weiter: „Christus wäre nicht das wahre Licht, das Licht im vollen

Sinne des Wortes, das Licht ohnegleichen, wenn Er es nicht für alle Menschen wäre und schließlich jeden Menschen mit Seiner Wirkung erreichte. Weil dies der Fall ist, ist Er das wahrhaftige Licht." Das ist um so mehr zu beachten, als unseres Wissens in sämtlichen Kommentaren von Zahn kein Wort sich findet, das darauf schließen ließe, daß er ein Vertreter der Lehre von der Allaussöhnung sei.

Denken wir daran, daß Milliarden von Menschen gestorben sind und noch sterben, ohne je das Evangelium gehört zu haben – Jesus muß dann doch auf irgendeine Weise auch noch ihr Licht in der Zukunft werden. Und das Wort „erleuchten" kann doch nicht als ein nur flüchtiges, wirkungsloses Angeschienensein von der in Christus erschienenen Gnade Gottes verstanden werden, wenn wir an Hebr. 10:32 denken, wo es heißt: „Gedenket aber der vorigen Tage, in welchen ihr, nachdem ihr erleuchtet waret, erduldet habt einen großen Kampf des Leidens", oder an Hebr. 6:4: „Es ist unmöglich, die so einmal erleuchtet sind und geschmeckt haben die himmlische Gabe und teilhaftig geworden sind des heiligen Geistes usw." Es kann wohl kein Zweifel darüber bestehen, daß für den Verfasser des Hebräerbriefes die Erleuchtung das Heil in sich schließt. Dasselbe kann gesagt werden von dem Apostel Paulus, der an die Korinther schreibt (II 4:6): „Gott, der da hieß das Licht aus der Finsternis hervorleuchten, der hat einen hellen Schein in unsere Herzen gegeben, daß durch uns entstünde die Erleuchtung von der Erkenntnis der Klarheit Gottes in dem Angesicht Jesu Christi."

Ich werde alle zu Mir ziehen

Wir weisen dann weiter hin auf ein Wort des Herrn Selber, Joh. 12:32: „Und Ich, wenn Ich erhöht werde von der Erde, so will (wörtlich: werde) Ich sie alle zu Mir ziehen." Die Wirksamkeit des Herrn endet, scheinbar wenigstens, mit einem totalen Mißerfolg. Wenn Er jetzt angesichts des Todes, aber im

Blick auf die darauf folgende Erhöhung sagt: „Ich werde sie
a l l e zu Mir ziehen", – darf man das wohl verstehen in dem
Sinne, daß Er noch einmal wenigstens versuchen werde, allerlei Menschen zu Sich zu ziehen, auch auf die Gefahr hin, daß
es Ihm bei vielen wieder nicht gelingen werde? Wir sind der
Überzeugung, die feierliche Versicherung des Herrn: „Wenn
Ich erhöht werde von der Erde, so werde Ich sie alle zu Mir
ziehen" schließt eine solche Deutung völlig aus. Er wird ziehen
und auf die Dauer wird keiner Seinem Zuge widerstehen, am
Ende wird auch nicht ein einziger zurückgeblieben sein. Sollen
wir dem Herrn nicht glauben? Er darf auch das Größte nach
dieser Seite hin verheißen, denn der Vater hat Ihm Vollmacht
gegeben über alles Fleisch (Joh. 17:2).

Der Fürst dieser Welt

Er ist der Fürst dieser Welt, wie Er unmittelbar vorher (12:31)
von Sich sagt: „Nun wird der Fürst dieser Welt ausgestoßen
werden." Man deutet das zwar allgemein auf den Satan. Luther,
in dessen Lied „Ein' feste Burg ist unser Gott" der Satan ja
auch auftritt als der „Fürst dieser Welt", übersetzt Vers 31:
„Jetzt geht das Gericht über die Welt; nun wird der Fürst dieser Welt ausgestoßen werden." Aber wörtlich heißt es: „Jetzt
ist Gericht dieser Welt." Die Welt hält Gericht, und zwar über
Jesus. Es war ja wenige Tage vor der Hinrichtung des Herrn;
Er wird jetzt ausgestoßen. Weder ist die Welt damals gerichtet
noch der Teufel damals ausgestoßen worden. Er hat, wie Paulus Eph. 2:2 und 6:12 sagt, im Lufthimmel sein Herrschaftsgebiet. Erst Offb. 12:9 ist die Rede davon, daß „der große
Drache, die alte Schlange, die da heißt der Teufel und Satanas", aus dem Himmel auf die Erde geworfen wird, und das
ist ein Ereignis, das heute noch, 19 Jahrhunderte nachdem der
Herr jenes Wort gesprochen, der Zukunft angehört und den
Beginn der antichristlichen Trübsalszeit einleitet (Offb. 12:12).
Nein, Jesus redet hier zweifellos von Sich Selber. Er ist's, der

jetzt verworfen und gerichtet wird von der Welt. Er ist der Fürst dieser Welt, den sie jetzt zwischen Himmel und Erde hängen, aber nach Seiner Erhöhung — das Kreuz bedeutet ja für Ihn den Durchgang zum Throne zur Rechten des Vaters — wird Er Seine Hoheitsrechte über die ganze Menschheit geltend machen und alle zu Sich ziehen.

Ebenso kann eine zweite Stelle, in der von dem Fürsten dieser Welt die Rede ist, nur auf Jesus bezogen werden: Joh. 16:11. Der Herr sagt in den vorangehenden Versen, daß der heilige Geist der Welt die Augen öffnen werde über das Gericht, nämlich, daß der Fürst dieser Welt gerichtet sei. Keiner von denen, die die Predigt des Petrus am Tag der Pfingsten hörten, ist jedenfalls auf den Gedanken gekommen, daß der Satan gerichtet sei. Die gewöhnliche Erklärung, daß der Teufel, der seine Hand an den heiligen Gottessohn zu legen wagte, durch diese seine größte Schandtat sich unmöglich gemacht und sein Gericht besiegelt habe, mag wohl Theologen annehmbar erscheinen, aber ist viel zu weit hergeholt, um von einfacheren Gemütern erfaßt zu werden. Das aber haben die Tausende ohne weiteres verstanden, als ihnen der Apostel sagte: „Den Jesus, den ihr zum Tode verurteilt und ans Kreuz gehängt, den hat Gott auferweckt. Nun Er durch die Rechte Gottes erhöhet ist und empfangen hat die Verheißung des heiligen Geistes vom Vater, hat Er ausgegossen dies, das ihr sehet und höret. So wisse nun das ganze Haus Israel gewiß, daß Gott diesen Jesus, den ihr gekreuzigt habt, zu einem Herrn und Christus (Messias) gemacht hat." So sagt er auch Apg. 3:15: „Den Fürsten des Lebens habt ihr getötet; den hat Gott auferweckt." Und wiederum 5:31: „Den hat Gott durch Seine rechte Hand erhöht zu einem Fürsten und Heiland, zu geben Israel Buße und Vergebung der Sünden." Denken wir auch daran, daß Jesus von Johannes in der Offenbarung (1:5) genannt wird „der Fürst der Könige auf Erden." An Pfingsten erfüllte sich die Verheißung Jesu vom heiligen Geiste Joh. 16:14: „Derselbe wird

Mich verklären", Mich verherrlichen. Wie ein Scheinwerfer in der Nacht den Gegenstand, auf den er sich richtet, aus dem Dunkel heraushebt und in ein helles Licht setzt, so der heilige Geist an Pfingsten nicht den Satan, aber Jesus. Den Dreitausend, die sich damals taufen ließen, ging es bei der geistesmächtigen Predigt des Apostels angesichts der Tatsache, daß es ausgerechnet die Jünger Jesu waren, an denen das Wunder der Geistesausgießung sich vollzog, leuchtend auf: Auf Golgatha ist ein Fehlurteil vollzogen worden, der vermeintliche Verbrecher, den man dort richtete, ist der von Gott bestellte Fürst der Welt.

Wenn einem das richtige Verständnis der Worte Jesu Joh. 12:31 und 16:11 aufgegangen ist, muß man sich wahrlich fragen: Wie war es nur möglich, daß man unter dem Fürsten dieser Welt den Teufel verstehen konnte? Das erklärt sich aus dem dritten Wort des Herrn, in dem von dem Fürsten der Welt die Rede ist, Joh. 14:30: "Es kommt der Fürst der Welt und hat nichts an Mir."

Jesus ist mit den Jüngern auf dem Wege nach dem Garten Gethsemane. Dort erfüllte sich das Wort, mit dem Luk. 4:13 die Versuchungsgeschichte schließt: "Da der Teufel alle diese Versuchung vollendet hatte, wich er von Ihm eine Zeitlang." Das heißt also: Er kam noch einmal wieder. Darauf, sagt man nun, bezieht sich das Wort des Herrn: "Es kommt der Fürst dieser Welt und hat nichts an Mir", und es ist doch sonnenklar, daß der Herr hier unter dem Fürsten der Welt nur den Satan verstehen kann; von hier aus sind dann auch die beiden anderen Stellen, Joh. 12:31 und 16:11 auszulegen. Es erscheint so einleuchtend, und wir bezweifeln auch selbst nicht im geringsten, daß bei dem Kampf Jesu in Gethsemane der Teufel eine furchtbare Rolle spielte. Trotzdem müssen wir diese Erklärung ablehnen. Auch hier spricht der Herr von Sich Selbst als dem Fürsten der Welt. Aber wie ist das möglich? Man kann gewiß so übersetzen wie Luther und übereinstimmend mit ihm bis vor kurzem alle Übersetzer, aber man muß nicht so übersetzen. Knoch übersetzt: „Es kommt der Fürst der Welt, und in Mir hat sie nichts." Jeder, der griechisch versteht, wird zugeben, daß diese Übersetzung möglich ist, und nach unserer Überzeugung ist sie die einzige, die in Betracht kommt.

Der Herr hat vorher zu den Jüngern gesagt: „Ich werde nicht mehr viel mit euch reden, denn es kommt der Fürst der Welt..." Wenn wir dabei an den Satan denken – ist das dann eigentlich ein Grund, weshalb Christus nicht mehr viel mit den Jüngern reden soll? Damals in der Wüste kam der Satan, und der Herr hat danach Jahre hindurch geredet. Und welche Bedeutung hätte in diesem Zusammenhang der Zusatz: „und hat nichts an Mir"? Er wäre völlig bedeutungslos. Wie ganz anders, wenn wir auch hier unter dem Fürsten der Welt den Herrn verstehen. Er kann mit den Jüngern nicht mehr viel reden, weil die Welt Seinem Wirken ein gewaltsames Ende setzt, in einigen Stunden Ihn zum Tode führt. Und bei diesem Gedanken legt sich Ihm die ganze Ungeheuerlichkeit ihres Vorgehens aufs Herz. Er verläßt den Himmel, tritt ein in die Welt – und in den Abschiedsreden zeigt sich der Herr ja von Anfang bis zu Ende durchdrungen von dem Bewußtsein Seiner Hoheit und Herrlichkeit, denken wir nur an Joh. 13:3 u. 17:24 – Er, der von den Propheten verheißene Messias, der König Israels, ja mehr, der Fürst der Welt, der die Königsherrschaft Gottes im ganzen Weltenall aufrichten soll und wird, und die Welt erkennt Ihn nicht, sie sieht nichts von Seiner Herrlichkeit, sie läßt Ihn stehen mit all dem Heil, das Er und Er allein ihr bringen kann; noch mehr, sie verwirft Ihn, sie stößt Ihn aus wie einen Verbrecher, der nicht wert ist, daß die Sonne Ihn bescheint.

Es ist derselbe Gedanke, den der Evangelist Johannes 1:10 ausspricht: „Es (das wahrhaftige Licht) war in der Welt und die Welt ist durch dasselbe gemacht, und die Welt kannte es nicht. Er kam in Sein Eigentum, und die Seinen nahmen Ihn nicht auf." Der Herr Selbst ist im Innersten erschüttert, wenn Er Sich vor Augen stellt, wer Er ist und welches Schicksal Ihm die Welt bereitet. Und wie erschütternd wirkt auf uns dies Wort, das der Herr spricht, bevor Er den Saal des Passahmahls verläßt, um dem schwersten Kampf entgegenzugehen, den je ein Mensch gekämpft, dies Wort, wenn wir es recht verstehen: „Es kommt der Fürst der Welt und in Mir hat sie nichts!" Aber ob die Welt ihn verwirft, Er verwirft nicht die Welt. Er ist und bleibt der Fürst der Welt und bleibt dem Ihm von Gott gegebenen Berufe treu. Er wird Sein Wort erfüllen: „Wenn Ich erhöht werde von der Erde, werde Ich sie a l l e zu Mir ziehen." Wer die angeführten Worte recht versteht, muß es ablehnen, dem Satan einen Titel zu geben, der allein dem Herrn gebührt. Wenn Paulus 2. Kor. 4:4 den Satan den Gott dieser Welt nennt, wörtlich den Gott dieses Zeitlaufs, dieses Äons, so läßt er ihn damit doch nur für eine beschränkte Zeit eine Art göttlicher Rolle spielen.

Wie ist das sonstige Schweigen in den nichtpaulinischen Schriften zu erklären?

Wie schon oben bemerkt, sind es nur wenige Stellen in den nichtpaulinischen Teilen der Bibel, die wir für die Lehre von der Allaussöhnung anführen können. So schwerwiegend unseres Erachtens nun auch die beiden eben besprochenen Worte aus dem Johannesevangelium sind, so wollen wir doch nicht vorübergehen an der Frage: Wie ist das fast völlige Schweigen des Neuen Testaments in Sachen der Allaussöhnung, wenn wir von Paulus absehen, zu erklären?

Die Antwort ist nicht schwer zu geben. Die Zwölfe, ihre Verkündigung, ihre Schriften, Evangelien und Briefe, haben es mit dem Israel verheißenen Königreich zu tun. Es ist das Reich, das Gott 2. Sam. 7:16 dem David verheißen: „Dein Haus und dein Königreich soll für den Äon bestehen vor dir, dein Thron soll feststehen für den Äon." Dan. 7:27 heißt es: „Das Reich

Gewalt und Macht unter dem ganzen Himmel wird dem heiligen Volk des Höchsten gegeben werden." Nach Dan. 7:13–14 wird einer wie eines Menschen Sohn von Gott dieses Reich empfangen. Jerusalem wird die Residenz dieses Königs, des Messias, sein, wie es Jer. 3:17 heißt: „Zur selben Zeit wird man Jerusalem nennen des Herrn Thron", und Ps. 2:6: „Ich habe meinen König eingesetzt auf meinem heiligen Berge Zion." Dem entspricht die Botschaft des Engels an Maria, Luk. 1:32 bis 33: „Gott der Herr wird Ihm den Stuhl Seines Vaters David geben, und Er wird König sein über das Haus Jakobs für die Äonen." Die Zeit Seiner Königsherrschaft auf dieser Erde, nach Offb. 20:4–6 auch das tausendjährige Reich genannt, wird eine Zeit des Heils, des Friedens, der Fülle, des Segens sein für Israel und alle Völker, die in dieses Reich eingehen. Jes. 2:4: „Sie werden ihre Schwerter zu Pflugscharen und ihre Spieße zu Sicheln machen, denn es wird kein Volk wider das andere ein Schwert aufheben"; Ps. 72:7: „Zu seinen Zeiten wird blühen der Gerechte und großer Friede"; Vers 16: „Auf Erden, oben auf den Bergen, wird das Getreide dick stehen; seine Frucht wird rauschen wie der Libanon, und sie werden grünen in den Städten wie das Gras auf Erden"; vgl. auch Jes. 35.

Am Schlusse von Jes. 33 wird neben den äußeren Segnungen, deren Jerusalem sich in der messianischen Zeit zu erfreuen hat, ausdrücklich die Vergebung der Sünden genannt, woraus klar hervorgeht, daß diese äußeren Segnungen eben nicht geistlich zu deuten sind, wie es leider fast durchgehend in den christlichen Kirchen geschieht. Hosea ruft (3:4–5): „Die Kinder Israel werden lange Zeit ohne König, ohne Fürsten, ohne Opfer, ohne Altar, ohne Leibrock und ohne Heiligtum bleiben." Niemand wird bestreiten, daß das buchstäblich gemeint ist, und buchstäblich so hat es sich an Israel erfüllt. So wird es auch buchstäblich an dem jüdischen Volke sich erfüllen, was Sach. 8:13 weissagt: „Es soll geschehen, wie ihr vom Hause Juda und vom Hause Israel seid ein Fluch gewesen unter den Nationen, so will ich euch erlösen, daß ihr sollt ein Segen sein." Es geht nicht an, den Fluch und das Gericht den Juden zu überlassen und die ihnen verheißenen Segnungen auf die Christenheit, das „geistliche Israel", wie man ohne biblische Berechtigung sie zu nennen beliebt, zu beziehen und diese Segnungen zu vergeistigen. Man lese nur einmal Röm. 9:1–5, wo der Apostel Paulus die großen Israel gegebenen Verheißungen ausdrücklich als Israel „nach dem Fleisch" gegeben bezeichnet. Man berufe sich nicht auf das Wort des Herrn Joh. 18:36: „Mein Reich ist nicht von dieser Welt." Das Königreich wird freilich nicht „von" dieser Welt sein, es wird nicht nach Art der Reiche dieser Welt durch Waffengewalt und Diplomatie gegründet und erhalten, sondern durch Gottes Macht; es ist eben das Königreich der Himmel.

Man werfe auch den ersten Jüngern Jesu nicht immer wieder ihre fleischlich-irdischen Messiashoffnungen vor. Verkehrt war es wohl, daß sie meinten, Gott könne Seine Königsherrschaft mit einem unbußfertigen, ungläubigen Israel aufrichten, aber nicht, daß sie ein wirkliches Königreich, ein von dem Christus regiertes Staatswesen erwarteten; sie konnten nach den Weissagungen der Propheten gar nichts anderes erhoffen. Die Antwort, die ihnen der Herr vor der Himmelfahrt auf die Frage gibt: „Wirst du auf diese Zeit wieder aufrichten das Königreich dem Israel?" Apg. 1:7: „Es gebühret euch nicht zu wissen Zeit oder Stunde, welche der Vater Seiner Macht vorbehalten hat", enthält auch, was den Inhalt ihrer Hoffnung angeht, durchaus keinen Tadel, sondern nur eine Bestätigung. Joh. Lepsius hat vor Jahrzehnten in seinem „Reich Christi" in vielen Aufsätzen aufs klarste aufgezeigt, daß nach der Schrift das verheißene Reich Gottes so gut wie das deutsche, englische oder russische Reich ein wirkliches Staatswesen auf Erden sein werde. So nur erklärt sich auch die Weissagung Dan. 2:44 von dem Königreich, das der Gott des Himmels schließlich aufrichtet und das alle anderen Königreiche zermalmen und zerstören soll.

Jedes Reich muß seine Gesetze haben, nach denen es regiert wird. Als Gesetz des Reiches Gottes wird das Gesetz Moses einmal eine Bedeutung haben wie nie zuvor. In der Bergpredigt legt Jesus dar, wie Er das Gesetz aufgefaßt haben will. Nach der Zahl der zwölf Stämme Israels wählt Er zwölf Apostel, die Ihn im Lande kundtun sollen, und verheißt ihnen, daß sie dereinst auf zwölf Thronen sitzen und die zwölf Geschlechter Israels richten werden. Die Unbußfertigkeit und der Unglaube Israels haben die Aufrichtung des Königreichs verhindert während des Erdenwirkens Jesu und abermals in der Pfingstzeit. Es kam das Gericht über Israel und die Verwerfung, aber nicht für immer. Israel bleibt trotz allem das auserwählte Volk. „Gottes Gaben und Berufung mögen Ihn nicht gereuen." „Blindheit ist Israel zum Teil widerfahren, so lange bis die Fülle der Nationen eingegangen ist und also das ganze Israel gerettet werde" (Röm. 11:29, 25 und 26). Das stimmt überein mit den Worten Jesu Luk. 21:24: „Jerusalem wird zertreten werden von den Nationen, bis daß der Nationen Zeit erfüllet wird" und Matth. 23:39: „Ihr werdet Mich von jetzt an nicht sehen, bis ihr sprecht: Gelobet sei, der da kommt im Namen des Herrn." Bei Seiner Wiederkunft wird Jesus die Königsherrschaft mit einem bußfertigen und gläubigen Israel aufrichten, Sach. 12:10—14. Von Jerusalem aus wird sich das Königreich Jesu ausbreiten über alle Lande. Dann werden die Gläubigen des Alten Bundes auferstehen (Matth. 8:11; 22:32; Offb. 20:4 ff.). Dann werden alle die großen, herrlichen Verheißungen Jes. 2; 9; 11; 25; 35; 60—66; Sach. 8; 12; 13; 14; Joel 3 usw. sich erfüllen, z. T. noch auf der jetzigen Erde während des sog. Tausendjährigen Reiches, dann auf der neuen Erde Jes. 65; 66; Offb. 21; 22. All dieser Segen aber, wenigstens auf der alten

Erde, wird vermittelt sein durch Israel (2. Mose 19:6; Offb. 1:6; 20:6).

Neunzehn Jahrhunderte fast sind vergangen seit der Verwerfung Israels. Noch steht seine Wiederannahme aus, aber wir gehen ihr mit Riesenschritten entgegen. Doch nun ist es nicht so, als hätte Gottes Werk in Christus in all dieser Zeit geruht. Ehe die Verwerfung Israels endgültig ausgesprochen war, hat Gott schon ein Neues vorbereitet. Er beruft Paulus als Apostel der außerjüdischen Nationen. Er vertraut ihm eine Botschaft, ein Geheimnis an, das bisher verborgen war, von dem Jesus während Seines Erdenwirkens völlig geschwiegen, von dem auch kein Prophet des alten Bundes geweissagt hat: das Evangelium von der Gemeinde, die Gott Seinem Sohne sammelt aus den Nationen und auch aus den Juden, soweit sie sich dazu bereit finden lassen, von der Gemeinde, die der Körper Christi genannt wird (Eph. 1:23; 3:3–10).

Das gegenwärtige Gnadenwirken Gottes hat es nicht mit einem Staatswesen, nicht mit dem „Bauen des Reiches Gottes" zu tun, sondern mit der Sammlung einer Gemeinde, in der jeder einzelne ein Glied an Christus als dem Haupte ist. Hier hat der Jude nicht wie im Königreich einen Vorzug vor den Nationen, vgl. Römer 1:16 mit Gal. 3:28. Wenn die liberale Theologie des vorigen Jahrhunderts den Unterschied zwischen dem Evangelium Jesu und dem des Paulus stark betonte, so war sie damit weithin im Recht. Paulus spricht nicht umsonst mehrmals von s e i n e m Evangelium (Röm. 2:16; 16:25; 2. Tim. 2:8). Er unterscheidet Gal. 2:7 – die Luthersche Übersetzung ist hier ungenau – das Evangelium der Vorhaut und das der Beschneidung. Die Zwölfe haben es nur mit Israel und dem Königreich zu tun. In den nichtpaulinischen Schriften des neuen Testaments wird auf die Körpergemeinde überhaupt nicht Bezug genommen. Apostel der Nationen ist Paulus allein, obwohl selbstverständlich auch für die Königreichsschriften sein Wort 2. Tim. 3:16 gilt: „Alle Schrift, von Gott eingegeben, ist nütze zur Lehre, zur Strafe, zur Besserung, zur Züchtigung in der Gerechtigkeit." Von hier aus lösen sich die vermeintlichen Widersprüche in den Schriften des Paulus und der übrigen Apostel. Paulus verkündet ein Evangelium ohne Gesetz: Röm. 7:4 und 6; 10:4; Gal. 3:24—25. Für den Juden aber, sofern er nicht auf seine nationalen Vorrechte verzichtet und ein Glied der Körpergemeinde wird, bleibt das Wort Jesu von der dauernden Geltung des Gesetzes, Matth. 5:17—19, in Kraft. Zur Aufrichtung des Königreiches sind die Massen nötig. Paulus hingegen schreibt 1. Kor. 9:22: „daß ich allenthalben ja etliche errette". Er sucht einzelne für Christus zu gewinnen; das Königreich hat es mit Völkern zu tun.

Die Zwölfe haben auch den Missionsbefehl Matth. 28:19—20 nicht so verstanden, wie es bei uns üblich ist. Sie haben sich mit ihrer Verkündigung überhaupt nicht an die Heiden gewandt. Petrus mußte erst durch ein Gesicht willig gemacht werden, zu einem Proselyten wie Kornelius einzugehen, und mußte sich nachher scharfe Angriffe seitens der Judenchristen in Jerusalem gefallen lassen. Man denke auch an die Abmachung des Paulus mit Jakobus, Kephas und Johannes, Gal. 2:9: „Wir (Barnabas und ich) unter die Nationen, ihr unter die Beschneidung." Die Gegner des Paulus hätten sich nie auf derartiges eingelassen, wenn sie den Missionsbefehl verstanden hätten wie wir. Aber die Zwölfe waren sich darüber klar: Erst muß Israel als Volk für Jesus gewonnen und das Königreich mit den Juden aufgerichtet werden, ehe wir mit der Botschaft vom Reich uns an die Nationen wenden können. Im Königreich wird Jesus den Beweis erbringen, daß Er der König aller Könige ist, und die Zustände in Seinem Reich werden von Seiner Weisheit, Gerechtigkeit und Güte zeugen.

Die Gemeinde hat es nur mit ihrer eigenen Ausgestaltung zu tun unter völligem Verzicht auf Anerkennung und führende Stellung in Staat und Gesellschaft (Eph. 4:11—14). Alle Segnungen Israels liegen auf der Erde. Denken wir nur an die

Verheißung des Herrn Matth. 5:5: „Selig sind die Sanftmütigen, denn sie werden das Erdreich besitzen" (Knoch: „da ihnen das Land soll zugelost werden"). Das neue Jerusalem kommt vom Himmel herab auf die Erde und ist die Stadt des gläubigen Israel, der Braut. Der Engel, der dem Johannes die Heilige Stadt zeigt, sagt ausdrücklich (Offb. 21:9): „Ich will dir das Weib zeigen, die Braut des Lammes." Und 21:12 heißt es: „Die Stadt hat zwölf Tore und Namen darauf geschrieben, nämlich die zwölf Geschlechter der Kinder Israel" – 21:14: „Und die Mauer der Stadt hat zwölf Grundsteine und auf ihnen die Namen der zwölf Apostel des Lammes." Paulus gehört nicht zu den Zwölfen. Die Königreichsgemeinde hat ihre Wohnstätte und ihre Aufgabe auf der Erde. Die Körpergemeinde ist eine himmlische Körperschaft, Phil. 3:20: „Unser Bürgertum hat sein Dasein in den Himmeln" (Knoch). So übersetzt die Konkordante Wiedergabe auch Eph. 1:3 und 2:6, wo Luther das eine Mal sagt „in himmlischen Gütern" und das andere Mal „in das himmlische Wesen", ein und denselben griechischen Ausdruck richtig mit „inmitten der Überhimmlischen". Dem entspricht es auch, daß nach 1. Thess. 4:13–18 die Glieder der Körpergemeinde in die himmlischen Regionen entrückt werden, während nirgends in den Königreichsschriften etwas Derartiges von den Gläubigen Israels gesagt wird; sie bleiben auf der Erde, wenigstens für den Äon des 1000jährigen Reichs und den des neuen Himmels und der neuen Erde.

Wir wollten Antwort geben auf die Frage, warum in den nichtpaulinischen Teilen des Neuen Testament das Wort Allaussöhnung überhaupt nicht vorkommt, und auch nur wenige Hindeutungen darauf. Die Antwort ist im Vorstehenden gegeben. Wenn in den Evangelien und in den Briefen der Zwölfe von der Körpergemeinde auch nicht mit einem einzigen Wort die Rede ist, wie dürfen wir dann erwarten, von ihnen etwas zu hören über die Beseligung des ganzen Weltalls, die erst nach Ablauf der Äonen eintritt? Der kommende Äon, von dem der Herr mehrfach redet (Matth. 12:32; Mark. 10:30; Luk. 20:34–35), beginnt mit der Wiederkunft Christi und der Aufrichtung der Gottesherrschaft auf dieser unserer Erde. Daran schließt sich der Äon der Äonen, d. h. der herrlichste der Äonen (vgl. das Hohelied, wörtlich: das Lied der Lieder; das Allerheiligste, wörtlich: das Heilige der Heiligen), in dem erfüllt ist, was Petrus (II, 3:13) schreibt: „Wir warten aber eines neuen Himmels und einer neuen Erde nach Seiner Verheißung, in welchen Gerechtigkeit wohnt." Auch der Apostel unter den Zwölfen, dem der weiteste Ausblick geschenkt ward, Johannes, schaut in der Offenbarung nur bis in den Äon der Äonen hinein. Der einzige, der weiter blickt, ist Paulus 1. Kor. 15:20–28, und er setzt die Lebendigmachung der letzten Klasse der Toten, also die Verwirklichung der Allaussöhnung, ausdrücklich an das Ende des Äons der Äonen (1. Kor. 15:26).

Wir können nun weitergehen zur Widerlegung eines anderen Einwandes. Wir fragen:

V.
Widersprechen andere Schriftstellen des Neuen Testaments der Allaussöhnung?

Ewigkeit oder Äon

Es gibt nicht wenige, die der Meinung sind, schon das eine Wort Matth. 25:41 und 46 genüge, um die Lehre von der Allaussöhnung zu widerlegen. In der Tat, wenn da stände: Ihr Verfluchten, gehet hin in das ewige Feuer (ewig im Sinne von endlos) und: Sie werden in die ewige Pein gehen, die Gerechten aber in das ewige Leben (ewig auch wieder im Sinne von endlos), so wäre die vorliegende Schrift überflüssig. Wir wären dann allerdings auch in der üblen Lage, zugeben zu müssen:

Ganz klare Aussagen des Apostels Paulus stehen im direkten Widerspruch zu ebenso klaren Aussagen des Herrn.

Dazu kommt das Wort des Herrn Mark. 9:43—48: „und werdest in die Hölle geworfen, in das ewige Feuer, da ihr Wurm nicht stirbt und ihr Feuer nicht erlöscht". Ferner Joh. 3:36: „Wer dem Sohn nicht glaubt, der wird das Leben nicht sehen, sondern der Zorn Gottes bleibt über ihm." Aber auch Paulus selbst, sagt man, hat Worte geschrieben, die mit unserer Auslegung nicht in Einklang zu bringen sind, z. B. 2. Thess. 1:9: „welche werden Pein leiden, das ewige Verderben vom Angesicht des Herrn". Und damit stimmt dann überein Offb. 14:11: „der Rauch ihrer Qual wird aufsteigen von Ewigkeit zu Ewigkeit"; 20:10: „sie werden gequält werden Tag und Nacht von Ewigkeit zu Ewigkeit".

Es ist ohne weiteres zuzugeben: Diese Worte wären entscheidend gegen die Lehre von der Allaussöhnung, wenn die Übersetzung des griechischen Wortes *aionios* mit *ewig* richtig wäre. Aber insofern mit dem Worte „ewig" gewöhnlich der Begriff endlos verbunden ist, ist sie einfach falsch. Wir haben im Deutschen heutigentags kein Wort, das dem griechischen *aionios* völlig entspricht, und das richtige wäre unseres Erachtens, es unübersetzt zu lassen und wie die „Konkordante Wiedergabe" es mit äonisch wiederzugeben. Mit Recht hat man immer wieder darauf hingewiesen, daß, wenn Ewigkeit in der Bibel einen Zeitraum bedeutete, der weder Anfang noch Ende hat, es nur e i n e Ewigkeit geben, von E w i g k e i t e n nicht geredet werden könne. Das ist aber mehr als 40 mal der Fall in der Bibel. 2. Tim. 1:9 und Tit. 1:2 gebraucht Paulus den Ausdruck *pro chronon aionion*, 1. Kor. 2:7 *pro ton aionon*, zu deutsch: „vor äonischen Zeiten" und „vor den Äonen". Den Verfassern der biblischen Bücher hat der herkömmliche Begriff von einer einzigen, anfang- und endlosen Ewigkeit durchaus ferngelegen.

Professor Ströter hat errechnet, daß das hebräische Wort für Ewigkeit, *olam*, im Alten Testament 373 mal vorkommt, die griechischen Wörter *aion* und *aionios* im Neuen Testament 168 mal. Von Gott wird die Ewigkeit im Alten Testament 120 mal, im Neuen Testament 41 mal ausgesagt. 380 mal werden die biblischen Wörter für *ewig* und *Ewigkeit* von Dingen, Einrichtungen, Anordnungen und Zuständen gebraucht, die als kreatürliche samt und sonders einen Anfang gehabt haben, 147 mal, wo an einen endlosen Fortbestand nicht zu denken ist, hauptsächlich von Verordnungen, die mit dem religiösen Kultus zusammenhängen. 1. Mose 9:12 und 16 wird von dem Regenbogen als von einem *ewigen* Zeichen geredet, Jos. 4:7 von einem *ewigen* Steindenkmal, 8:28 von einem *ewigen* Schutthügel. Der Aussatz Naemans soll nach 2. Kön. 5:27 dem Gehasi und seinem Samen *ewiglich* anhangen. Jer. 5:22 ist die Rede von *ewigen* Schranken des Meeres, während uns Offb. 21:1 deutlich gesagt wird, daß es auf der neuen Erde kein Meer mehr geben wird. Pred. 12:5 heißt es: „Der Mensch fähret hin, wo er *ewig* bleibt", und nach der Schrift werden doch alle Menschen einmal auferstehen. Und wenn Nehemia (2:3) dem Perserkönig ewiges Leben wünscht, so denkt er dabei doch sicher nicht an eine endlose Fortdauer des irdischen Lebens seines Monarchen.

Daß an allen diesen und vielen anderen Stellen die Ewigkeit nicht Endlosigkeit bedeuten kann, liegt auf der Hand. *Aionios* bedeutet aber selbst dann nicht einmal ewig im Sinne von immerwährend, wenn von der Königsherrschaft unseres Herrn die Rede ist. Wenn es z. B. Luk. 1:33 heißt: „Er wird herrschen über das Haus Jakobs ewiglich" (wörtlich: für den Äon), so bedeutet das wieder keine endlose Königsherrschaft Jesu, denn nach 1. Kor. 15:28 wird der Sohn, wenn Er alles dem Vater untergetan hat, Ihm die Herrschaft zu Füßen legen, Seine Königsherrschaft beschränkt sich auf die beiden letzten Äonen, den des tausendjährigen Reiches und den des neuen Himmels und der neuen Erde. Wenn es Luk. 1:33 weiter heißt: „Seines Königreichs wird kein Ende sein", so ist das kein Widerspruch, denn die Königsherrschaft Gottes, die Jesus aufrichtet, wird für immer sein.

Aionios bedeutet niemals endlos, nicht einmal dann, wenn es von Gott ausgesagt wird wie Röm. 16:25—26. Knoch übersetzt die Stelle: „Dem aber, der euch festigen kann ... überein mit der Enthüllung eines Geheimnisses, das in äonischen Zeiten verschwiegen gewesen, aber nun geoffenbart, auch durch prophetische Schriften, überein mit der Anordnung des äonischen Gottes" usw. Das erste äonisch kann hier nicht ewig bedeuten, denn die Zeiten, während derer das Geheimnis verschwiegen war, waren bereits vergangen, als der Apostel den Brief an die Römer schrieb. Aber fragt man triumphierend: Wie ist es mit dem zweiten? Wenn Gott der *aionios* genannt wird, was kann es da anders besagen, als daß Gott ewig ist? Nein, sagen wir, es heißt auch da nicht anders als sonst. Gott wird der äonische genannt, weil Er in den Äonen Seinen Heilsplan mit der Welt ausführt. Damit wird selbstverständlich nicht bestritten, daß Gott ewig ist. Er ist der Gott Israels in besonderem Sinne; ist Er darum nicht der Gott auch aller anderen Völker? Gott ist der äonische; Er hat die Äonen gemacht zu ganz besonderen Zwecken; Er ist der Gott der äonischen Zeiten; hört Er darum auf, der Gott aller Zeiten zu sein? Wenn die Äonen vorüber sind, so wird Gott Sich in anderer Weise als bisher offenbaren.

Im übrigen wurde vor Jahren bereits der Beweis dafür erbracht, daß nicht nur die Übersetzung des griechischen aion mit Ewigkeit im Sinne von Unendlichkeit in der Bibel keine Berechtigung hat, sondern daß überhaupt dem Worte Ewigkeit, wie in anderen Sprachen, so auch im Deutschen, die ihm heute eigene Bedeutung fremd war.*) Das Verständnis für das, was die Schrift von den Äonen sagt — der gegenwärtige böse

---

*) Wir verweisen auf unsere kleine Schrift „Wie sich die Ewigkeit einschlich" von Alexander Thomson, der sich besonders mit alten Bibelübersetzungen befaßt hat.

Äon Gal. 1:4 (Luther: diese gegenwärtige arge Welt), weshalb Paulus auch 2. Kor. 4:4 den Satan den Gott dieses Äons nennt; der kommende Äon; der Äon der Äonen – ist bald nach den Tagen des Apostels Paulus verlorengegangen.

Die griechischen Kirchenväter hatten immerhin, weil doch die Sprache des Neuen Testaments ihre Muttersprache war, noch einiges Verständnis für die mit dem Worte aion zusammenhängenden Lehren der Schrift. Als aber der Schwerpunkt der Kirche vom Osten sich nach dem Westen verlegte, als es mit der griechischen Kirche abwärts ging und die lateinische Kirche Oberwasser bekam, mußten es sich griechische Wörter gefallen lassen, daß ihnen eine der römischen Gedankenwelt mehr entsprechende Bedeutung aufgezwungen wurde. Den Anstoß dazu gab der Karthager Tertullian. Dieser römische Rechtsanwalt, der die Tatsache, daß Gott Liebe ist, nie erfaßt hat, konnte in Gott nichts anderes sehen als den strengen Richter, dem der sündige Mensch so oder so Genugtuung geben muß. Auf ihn geht es zurück, daß das Wort *aeternus*, die lateinische Übersetzung für *aionios*, die Bedeutung „immerwährend, endlos" bekam, die es früher nicht hatte. In den Katakomben (unterirdischen Gängen in Rom), die als Begräbnisstätten und den ersten Christen als Versammlungs- und Kulturorte dienten, finden sich Inschriften, in denen das Wort *aevum* (altdeutsch: ewe), aus dem über *aeviternus* das Wort *aeternus* gebildet ist, unmöglich die Bedeutung Endlosigkeit haben kann. In seiner lateinischen Übersetzung der Bibel, der sog. Vulgata, um 380, gebrauchte Hieronymus zwei Wörter zur Wiedergabe von *aion, aionios*, nämlich *seculum* und *aeternum*. Das erstere entspricht ganz und gar dem griechischen Wort; es diente zur Bezeichnung eines Zeitalters, einer begrenzten Zeitperiode. Während nun aber Hieronymus das griechische aion an den etwas 130 Stellen, an denen es im Neuen Testament vorkommt, 101 mal mit *seculum* übersetzt, 27 mal mit *aeternum* und offenbar oftmals die beiden Wörter in gleichem Sinne verwertet, übersetzt er aionios, das 70 mal im Neuen Testament vorkommt, nicht weniger als 65 mal mit *aeternus*, nur 2 mal mit *secular*. Es ist schwer zu entscheiden, was das lateinische „in aeternum" zur Zeit des Hieronymus bedeutet, wenn auch das Wort früher nicht den Sinn von Ewigkeit gehabt hat. Hieronymus aber hat sich anscheinend etwas Derartiges dabei gedacht, wenn er auch leider nicht konsequent gewesen ist.

Ein unverdächtiger Zeuge in dieser Sache, Prof. Max Müller, spricht sich dahin aus, daß die Wörter aeviternus und aeternus „fabriziert worden seien, um Ewigkeit auszudrücken". Daß das Wort aionios noch im 6. Jahrhundert nicht zur Bezeichnung eines endlosen Zeitraums gebraucht wurde, dafür hat Kaiser Justinian, der von 527 bis 565 in Konstantinopel regierte, einen schlagenden Beweis erbracht. Im Jahre 540 traf er Vorbereitungen für die Einberufung des berühmten Konzils, das später in seiner Hauptstadt tagte. Dem Kaiser kam es vor allem darauf an, die Lehren des Origenes betr. die Allaussöhnung zu unterdrücken, zu brandmarken. Er verlangte, es müsse mit unmißverständlicher Klarheit ausgesprochen werden, daß das Leben der Heiligen immerwährend sei, und gleichfalls die Verdammnis der Verlorenen. Was sagt nun Justinian? „Die heilige Kirche Christi lehre ein endloses äonisches (ateleutêtos aionios) Leben für die Gerechten und endlose (ateleutêtos) Strafe für die Bösen." Justinian wußte sehr wohl, daß aionios nicht endlos bedeutet, und fügte deshalb im ersten Teil des Satzes ein Wort hinzu, das ganz unzweideutig ist, sich allerdings in der Heiligen Schrift überhaupt nicht findet. Im zweiten Teil des Satzes hat er sogar das Wort, das der Herr gebraucht hat, durch diesen unbiblischen Ausdruck ersetzt. Das diesbezügliche Schreiben Justinians an den Patriarchen Mennas von Konstantinopel existiert heutigentags noch und sollte jeden, der noch nicht ganz verblendet ist, aus jedem Zweifel herausreißen über die wahre schriftgemäße Bedeutung des Wortes äonisch. Es ist auch zu beachten, daß das Konzil von Konstantinopel, das eigens zu dem Zweck einberufen wurde, die Lehren des Origenes zu brandmarken, seine Lehre von der Allaussöhnung nicht verdammte; das ist erst später geschehen. Es war doch zu verlockend für herrschsüchtige Priester, dem Volk zu sagen: Wenn ihr das nicht annehmt, was wir euch sagen, seid ihr für immer verloren!

Höchst interessant ist nun, was A. Thomson in seiner Schrift feststellt, daß die alten Bibelübersetzungen, die altsyrische, die altägyptische, die gotische des Ulfilas, die koptische, alle miteinander das Wort äonisch nicht durch eine Übersetzung im Sinne von „endlos, immerwährend" wiedergeben. Die alten deutschen Übersetzungen aus der vorreformatorischen Zeit sind leider ausnahmslos Übertragungen nicht aus dem Urtext, sondern aus der Vulgata. Die Reformatoren waren ihrerseits durch die kirchliche Überlieferung zu stark beeinflußt, um das Wort aionios im biblischen Sinne wiederzugeben. Nach neueren Forschungen scheint auch Luther das Neue Testament aus der Vulgata übersetzt und nur zum Vergleich in den griechischen Text hineingesehen zu haben. Das Wort „ewig" wäre ja eine ausgezeichnete Wiedergabe für äonisch, wenn sich nicht eben von der Kirche her dafür die Bedeutung „endlos, immerwährend" eingeschlichen hätte. Der ursprüngliche Sinn des Wortes „ewig" tritt uns hier und da noch in alten Urkunden entgegen. So findet sich in einer Abschrift des Hadler Deichrechtes aus dem Jahre 1580 folgende Notiz: „Von Dieken, wegen und Gerichtsbröken en kort undt Ewiger Bericht, der dreen Karchspecl Altenbrok, Lüdingeworth und Nord leda . . ." also im heutigen Deutsch etwa: Von Deichen, Wegen und Gerichtsbräuchen ein kurzer und ewiger Bericht der drei Kirchspiele . . ." „Ewig" hat hier offenbar bedeutet, „ein in regelmäßigen Zeitabschnitten einzureichender Bericht". Sogar im Jahre 1657 wird das Wort „ewig" noch in ganz anderem als dem heute üblichen Sinn gebraucht. In der Beilage zur Siegener Zeitung „Heimatland" Nr. 12 aus dem Jahre 1935, die uns von einem Leser des Blattes „Unausforschlicher Reichtum" freundlichst zugesandt wurde, findet sich der Abdruck einer Urkunde, in der es folgendermaßen heißt: „Fürst Johann Moritzen zu Nassau E d i k t den wieder einzuführenden Jahrmarkt zu Freudenberg betreffend . . . damit sie sambt und sonders diese Marck zu besuchen da mehr Ursache haben . . . so soll allen und jedten, welche dieß Jahrmarck jetzo das erstemal besuchen werdten, die Hänse zu den ewigen Zeiten, alle andere der Herrschaft geburete Zoll, Acciß, und andere Beschwerungen aber . . . für dißmal geschenkt und nachgelassen sein . . . So gegeben Siegen . . . May Anno Christi 1657." Es unterliegt wohl kaum einem Zweifel, daß der Ausdruck „zu den ewigen Zeiten", ähnlich wie der „Ewige Bericht" in der vorangehenden Anordnung des Hadler Deichrechtes, von bestimmten Terminen zu verstehen ist, an denen allerlei Abgaben, Steuern und dergleichen entrichtet werden sollten.

Da offenbar das Wort „ewig" seine ursprüngliche Bedeutung nicht mehr hat, so ist diese Übersetzung für aionios unzulässig, und da wir im Deutschen kein anderes Wort haben, das dem griechischen entspricht, so ist *aionios* unübersetzt zu lassen und mit *äonisch* wiederzugeben.

Wie schon in der Schrift „Wie sich die Ewigkeit einschlich" sei auch hier angeführt, was Ralf Luther in seinem Neutestamentlichen Wörterbuch (Furche-Verlag) über „Ewig", „Ewigkeit" schreibt: „Äon bedeutet nicht endlose Dauer, sondern Zeitalter, Zeitlauf. Es wird, wenn von einem Zeitlauf die Rede ist, auch immer an die besondere Art und Prägung, an die eigentümlichen Zustände, an die Bestimmung dieses Zeitlaufs gedacht. Das Neue Testament unterscheidet, wie schon die alte prophetische Überlieferung, zwischen diesem Äon (Zeitlauf der Weltzustände) und dem kommenden Äon. Dieser Äon hat sein Gepräge durch die in ihm herrschenden finsteren Mächte, durch die dämonischen Züge seines Gesichts, durch die fortschreitende Entgöttlichung seiner Zustände. Der kommende Äon bringt die Zustände der ersten, gottnahen Schöpfung wieder, in ihm ist die Herrschaft der Finsternismächte beseitigt, die Gottesherrschaft bestimmt und gestaltet alle Dinge. Dieser neue Äon wird heraufgeführt von dem gottgesandten Welterneuerer. Auf diesen kommenden Zeitlauf sind im Neuen Testament alle Augen gerichtet. – Weil man gemeinhin unter d e m Äon den nächsten, göttlichen, von Christus heraufgeführten Äon versteht, bedeutet aionios (ewig) das, was aus diesem neuen Zeitlauf stammt, was zu ihm gehört, was durch seine Art und Richtung bestimmt ist. „Ewiges Leben" bedeutet im Neuen Testament durchweg: das Leben des kommenden Zeitlaufs. „Ewige Herrlichkeit" bedeutet Glanz, die Hoheit, die dem kommenden Äon eignet (2. Tim. 2:10). Das „Ewige Reich" ist das Reich des neuen Weltlaufs (2. Petr. 1:11). „Ewige Seligkeit" bedeutet das Heil des kommenden Zeitalters (Hebr. 5:9). „Ewiges Gericht" bedeutet das Gericht, das über die Menschen ergeht beim Eintritt des kommenden Zeitlaufs (Mark. 3:29). „Ewiges Feuer, ewige Pein" (Matth. 3:12 und 25:41 und 46) bedeutet die Pein, die im kommenden Zeitlauf die leiden werden, denen sie im Weltgericht zugesprochen ist."

Das Nationengericht

Damit dürfte endgültig erledigt sein, was man aus dem Worte Matth. 25:41 und 46 gegen die Lehre von der Allaussöhnung herausgelesen hat. Wenn der Herr vom äonischen Feuer spricht, das bereitet ist dem Teufel und seinen Engeln, so ist auch nicht an den Feuersee von Offb. 20:14–15 usw. zu denken – bei dem Anbruch des Königreiches wird ja der Satan nach Offb. 20:2–3 gebunden und in den Abgrund verschlossen –, sondern an göttliche Strafgerichte, die ja oft in der Schrift unter dem Bild des Feuers dargestellt werden. Gott wird Feuer und Schwefel regnen lassen über Gog und Magog und die Inseln (Hes. 38:22 und 39:6). Jehova wird Feuer anzünden über Ägypten an Seinem Tage (Hes. 30:8 und 16). Es handelt sich Matth. 25 ganz und gar nicht um ein endgültiges Gericht über Einzelpersönlichkeiten. Die drei Gleichnisse in diesem Kapitel schließen sich unmittelbar an die große Zukunftsrede des Herrn an, die es mit Seiner Wiederkunft zu tun hat. „Alsdann", so beginnt Matth. 25, wird das Königreich der Himmel gleich sein zehn Jungfrauen usw. Auf die Zeit der Wiederkunft Christi geht auch das sog. Gleichnis vom Weltgericht. Dann werden alle *Nationen* vor Seinem Thron versammelt werden, und Er wird sie richten je nach der Stellung, die sie Seinen Brüdern im Fleisch, den Juden, gegenüber zur Zeit ihrer großen Trübsal eingenommen haben.

Was der Herr in diesem Gleichnis sagt, ist nichts anderes als eine Ausführung der Weissagung Joel 4:1–2: „Zur selbigen Zeit will ich alle *Nationen* zusammenbringen und will sie ins Tal Josaphat hinabführen und will daselbst mit ihnen rechten von wegen Meines Volkes und Erbteils Israel." Je nach ihrer freundlichen oder feindlichen Stellung zu dem auserwählten Volke Gottes werden die einzelnen Nationen teilhaben an den Segnungen des Königreichs der Himmel oder davon ausgeschlossen sein. Es handelt sich hier um ein äonisches Gericht über Lebende, über die *Nationen* zu Beginn des Äons des tausendjährigen Reiches. Dieses Gericht vollzieht sich auf dieser Erde. Es schließt nicht aus, daß die Einzelpersönlichkeiten, aus denen sich die Völker zusammensetzen, soweit sie ungläubig bleiben, später vor dem großen weißen Thron um ihrer Sünde willen gerichtet werden (Offb. 20:11–15). Bei dieser Erklärung des Gleichnisses vom Völkergericht Matth. 25 fällt übrigens auch die Schwierigkeit hinweg, daß der Herr hier nach den Werken das Schicksal der Völker sich entscheiden läßt, während Paulus eine Gerechtigkeit nicht aus den Werken, sondern allein aus Gnade durch den Glauben lehrt. Es geht eben

Matth. 25 nicht um „die ewige Seligkeit", sondern um zeitliche Schicksale hier auf Erden im Äon des Königreichs.

Die Gläubigen unserer Zeit, die Glieder der Körpergemeinde, kommen überhaupt nicht in das Gericht, von dem der Herr Matth. 25 redet. Sie sind dann nicht mehr auf der Erde, sondern nach dem klaren Zeugnis der Schrift längst zum Herrn entrückt. Ganz töricht ist schließlich die Bemerkung, die man manchmal zu Matth. 25:46 zu hören bekommt: „Gibt es keine ewige, d. h. endlose Qual für die Verfluchten, dann auch kein ewiges, d. h. endloses Leben für die Gerechten." Wenn der letzte Feind, der Tod, aufgehoben wird nach Abschluß der Äonen, werden auch die im Völkergericht und vor dem großen weißen Thron Gerichteten zu immerwährendem Leben in Herrlichkeit auferstehen, aber nicht eher. Das ist der Vorzug der Gläubigen aus den Juden und Nationen in der gegenwärtigen Heilsökonomie, daß sie schon während der Äonen Herrlichkeitsleben haben, während alle übrigen noch im Tode liegen, bzw. durch Gerichte gehen müssen. Vgl. 2. Tim. 2:10: „mit äonischer Herrlichkeit".

Weitere äonische Gerichte

Ist man einmal zu der Erkenntnis der wirklichen Bedeutung von aionios durchgedrungen, dann gewinnen alle Worte, die man als Stütze für die Lehre von der ewigen Qual ansah, ein anderes Gesicht. 2. Thess. 1:9 muß nun übersetzt werden etwa wie in der Konkordanten Wiedergabe: „die sich gerechte Vergeltung zuziehen werden, äonischen Ruin von dem Angesicht des Herrn". Das heißt also: Sie werden der Seligkeit und Herrlichkeit der Gläubigen während des Äons der tausend Jahre wie des Äons des neuen Himmels und der neuen Erde verlustig gehen. So ist auch das ewige, d. h. äonische Gericht Hebr. 6:2 nicht als ewige Verdammnis aufzufassen. In diesem Sinne ist auch das Verlorengehen Joh. 17:12 zu erklären: „Keiner von ihnen ist umgekommen als das verlorene Kind"; Röm.

2:12: „sie werden ohne Gesetz umkommen"; 1. Kor. 1:18: „denen, die verloren gehen" und die ähnlichen Stellen 2. Kor. 2:15; 4:3; 2. Thess. 2:10; 2. Petr. 3:9; ferner Matth. 7:13: „der Weg, der abführt in den Untergang" (Luther: zur Verdammnis); Röm. 9:22: „die Gefäße des Zornes zubereitet zur Verdammnis"; 2. Petr. 3:7: „auf den Tag des Gerichts und der Verdammnis der gottlosen Menschen". In allen diesen Stellen ist von einem Umkommen, Verlorengehen, Verdammtwerden die Rede, das sich nur auf den Verlust des Heils während der Äonen bezieht.

Die Sünde wider den heiligen Geist

Hätte man auch nur ein wenig Verständnis gehabt für die Äonenlehre der Schrift, nie würde man gegen die Lehre von der Allaussöhnung das Wort des Herrn betreffend die Lästerung des Geistes angeführt haben, Matth. 12:32: „Wer etwas redet wider den heiligen Geist, dem wird es nicht vergeben werden, weder in diesem noch in jenem Äon"; Luk. 12:10: „Wer aber lästert den heiligen Geist, dem soll es nicht vergeben werden." Der Herr spricht diese ernsten Worte zu Seinen Gegnern, die Zeugen dessen gewesen sind, wie Er einen besonders schweren Fall von Besessenheit geheilt. Sie können das Wunder nicht leugnen, aber ihr Haß gegen Jesus läßt nicht zu, daß sie zugeben: Es ist Gottes Kraft, die durch Ihn solche unerhörten Taten wirkt. Wider besseres Wissen und Gewissen sagen sie: Durch Beelzebub, den Obersten der Dämonen, treibt Er die Dämonen aus. Das sagen sie von I h m, eines Bündnisses mit dem Satan beschuldigen sie I h n, dessen heilige Persönlichkeit sicher auch auf sie nicht ohne jeden Eindruck geblieben ist. Menschen, die in dieser Weise sich selbst verstokken, machen sich selber eine Sinnesänderung zur Unmöglichkeit, darum können sie auch nicht Vergebung finden, nicht in diesem Äon und auch nicht im folgenden, wenn das Königreich aufgerichtet wird. Während die Gläubigen aus Israel nach der Wiederkunft auferstehen zum Leben, bleiben sie im

Tode. Und wenn am Schlusse des Königreichsäons alle Toten auferstehen, stehen diese nur auf zum Gericht vor dem großen weißen Thron, werden verurteilt und verfallen dem zweiten Tod. Für sie gibt es keine Vergebung, sie müssen für ihre Sünde büßen. Sie verscherzen die Herrlichkeit des tausendjährigen Reiches und ebenso des darauffolgenden Äons, von dem zu reden der Herr damals keine Ursache hatte, weil das ganze Hoffen Israels auf den Königreichsäon ging und auf diesen sich beschränkte. Aber damit ist nicht ausgeschlossen, daß nach Abschluß der Äonen auch sie noch Gnade empfangen, und eben dies verheißt Paulus in den ausführlich behandelten Abschnitten 1. Kor. 15:20—28 und Röm. 5:12—21.

Der Wurm, der nicht stirbt

Nun ist freilich gelegentlich von einem Gegner der Allaussöhnung gesagt worden: Auch wenn das Wort aionios nicht „ewig" bedeutet, so wird damit die Lehre von der endlosen Qual der Verdammten nicht aufgehoben, denn es bleibt der klare, eindeutige Spruch des Herrn, Mark. 9:45—46. Da heißt es wörtlich: „und werdest in die Gehenna (Luther: die Hölle) geworfen, da ihr Wurm nicht stirbt und ihr Feuer nicht verlöscht". Was besagt dies Wort? Der Herr nimmt hier Bezug auf Jes. 66:24: „Sie werden hinausgehen und schauen die Leichname der Leute, die an mir mißgehandelt haben, denn ihr Wurm wird nicht sterben und ihr Feuer wird nicht verlöschen, und werden allem Fleisch ein Greuel sein." Aus den vorhergehenden Kapiteln geht klar hervor, daß dies in Jerusalem sein wird in der Zeit des tausendjährigen Reiches, an dessen Schluß erst gemäß Offb. 20 die Toten zum Gericht auferstehen. Es handelt sich hier also um ein Gericht, das sich auf dieser unserer Erde vollzieht, nicht in einem Jenseits, nicht an unsterblichen Seelen (die es ja überhaupt nicht gibt), sondern an Leichnamen. Der Herr bezeichnet die Stätte dieses Gerichts genauer als die Gehenna; er meint das Tal Hinnom im Südwesten Jerusalems. Hier opferten die Juden in den Zeiten des ärgsten Götzendienstes dem Moloch kleine Kinder. Der Ort, wo dies geschah, wurde später Tophet genannt und von dem König Josia bei seiner Reformation verunreinigt (2. Kön. 23:10). Auf seine Veranlassung machte man das Tal zum Schindanger von Jerusalem, wo die Kadaver von gefallenen Tieren und die Leichname hingerichteter Verbrecher verwesten. Es liegt in der Natur der Sache, daß es im Tal Hinnom an Würmern nicht fehlte, die sich über jeden Leichnam hermachten, der da hineingeworfen ward. Darauf weist auch das griechische Wort hin, das Luther mit „sterben" übersetzt: *teleutan,* und das buchstäblich „ein Ende nehmen" bedeutet. Die Würmer nahmen hier kein Ende, solange es etwas zu verzehren gab. Zur Beschleunigung der Verwesung und zur Reinigung der Luft wurden Tag und Nacht im Tal Hinnom Feuer in Brand gehalten. Wenn der Herr wiederkommt, wird dies Tal die Stätte sein, wo Seine Feinde hingerichtet und ihre Leichen unbeerdigt hingeworfen werden, eine Speise für Würmer und Feuer.

Es muß auch von den herrschenden Vorstellungen über die Hölle gesagt werden, daß sie ganz und gar unbiblisch sind. Die Hölle darf nicht verwechselt werden mit dem Feuersee von Offb. 20. Die Gehenna ist auf der gegenwärtigen Erde und findet mit dieser ihr Ende am Schlusse des tausendjährigen Reiches, während der Feuersee erst nach Abschluß des darauffolgenden Äons verschwindet. Nach Offb. 19:20 sind anscheinend die ersten und einzigen, die in den Feuersee geworfen und darin g e q u ä l t werden, das Tier, d. h. der Antichrist, und sein Prophet. Am Ende des Königreiches kommt dann noch der Satan hinzu. Eben dann werden auch die Unzähligen, die vor dem großen weißen Thron gerichtet werden, in den Feuersee geworfen, der aber für sie nicht ein Ort der Qual ist, sondern ein abermaliges Sterben bedeutet. Es sei noch einmal betont: Die Höllengerichte besagen Hinrichtung der

Feinde Jesu bei Seiner Wiederkunft und, was dem Israeliten ein besonders schrecklicher Gedanke war, ihre Leichname, die unbeerdigt liegenbleiben, werden eine Speise der Würmer und des Feuers; man vergleiche dazu die schon erwähnte Schrift von Bornhäuser „Die Gebeine der Toten". Die ganze in der sogenannten Christenheit herrschende Vorstellung von der Hölle hat nicht in der Bibel, sondern in der griechisch-heidnischen Mythologie ihren Ursprung.

Der Zorn Gottes bleibt über ihnen

Joh. 3:36 heißt es: „Wer dem Sohn nicht glaubt, der wird das Leben nicht sehen, sondern der Zorn Gottes bleibt über ihm." Ist damit wirklich erwiesen, daß es für einen solchen nie mehr Gnade gibt? Nein, was für den gegenwärtigen Äon gilt, gilt darum nicht auch für die kommenden Äonen. Wenn der Vater alles dem Sohne untergetan hat, wird als letzter Feind der Tod aufgehoben. Dann werden auch die, welche unter dem Zorn Gottes gestorben sind, in Christus lebendig gemacht werden.

Gefahr des Nichtwissens

Man darf wohl sagen, daß außer der falschen Übersetzung von *aionios* es vor allem das Nichtwissen um die verschiedenen Äonen, in denen Gott das Werk der Erlösung durchführt, gewesen ist, was so viele hinderte, der herrlichen Lehre von der Allaussöhnung zuzustimmen. Die Evangelien und überhaupt die Schriften der Königreichsapostel haben nicht den Blick in die weitesten Fernen, wie ihn der Herr einem Paulus geschenkt.

Der abgehauene Baum

Wir suchen das noch an einigen Stellen klarzulegen. Matth. 3:10 heißt es: „Welcher Baum nicht gute Frucht bringt, wird abgehauen und ins Feuer geworfen." Wenn jemand meint, damit sei das Schicksal des Menschen, den der Täufer im Auge hat, für immer besiegelt, so möchten wir ihn hinweisen auf das Gleichnis vom unfruchtbaren Feigenbaum Luk. 13:6—9 und auf die Verfluchung des Feigenbaumes Mark. 11:12—14 und 20. Wie dort der Fluch an dem Feigenbaum sich erfüllte, so die in dem Fluch ausgesprochene Zerstörung Jerusalems und der Untergang Israels. Der Feigenbaum war damals am anderen Morgen verdorrt bis auf die Wurzel. Aber wird darum ein gläubiger Christ auch nur im geringsten daran zweifeln, daß er noch einmal saftig wird und Blätter gewinnt (Matth. 24:32)? Mit anderen Worten, daß das jetzt verworfene Israel noch eine Zukunft hat und die großen Verheißungen, die ihm gegeben sind, sich erfüllen werden? Wir sehen ja bereits den Anfang der Erfüllung in der gegenwärtigen Zeit. Es wird berichtet, Friedrich der Große habe einmal den Hofprediger Sack aufgefordert, ihm mit zwei Worten einen Beweis für die Wahrheit der Bibel zu geben. Die Antwort lautete: „Majestät, die Juden." Es ist in der Tat etwas Einzigartiges in der Weltgeschichte, daß ein Volk, das vor 19 Jahrhunderten aus seinem Vaterlande vertrieben wurde, nicht aufgehört hat, als Volk weiterzuexistieren. Aber wie viel mehr ist gegenwärtig zu sagen! Als vor einem halben Jahrhundert die Zionisten die Rückkehr der Juden nach Palästina ins Auge faßten, wie wurde darüber gehöhnt und gespottet! Aber seit 1948 existiert ein selbständiger Staat „Israel" in Palästina, und das, trotzdem eine Weltmacht wie England es auf alle Weise zu verhindern suchte. Aus aller Welt strömten die Juden nach Palästina; das Land fängt an aufzublühen. Der Feigenbaum, der seit fast zwei Jahrtausenden verdorrte, ist zu neuem Leben erwacht.

Und ist das, was jetzt in Israel geschieht, nicht auch zu beachten für die Auslegung von Hebr. 6:4—8? Bei den Menschen freilich ist's unmöglich, Abgefallene, wie jene Juden, zur

Buße zu erneuern, aber bei Gott sind alle Dinge möglich.

Der letzte Heller bezahlt

Auch Matth. 5:26: „Du wirst nicht von dannen herauskommen, bis daß du auch den letzten Heller bezahlest", spricht nicht gegen die Lehre von der Allaussöhnung. Das Wort spricht im Gegenteil für ein schließliches Herauskommen, denn wenn ein Verbrecher eine Strafe abgebüßt, wird er freigelassen.

Nur angeführt seien noch die Stellen Matth. 7:13 und 23; 8:12; 10:33; 11:22; Mark. 16:16; Luk. 12:4, 5, 9, 10; auf dieselben näher einzugehen, dürfte nach den bisherigen Ausführungen sich erübrigen.

Wehe dem Menschen Judas

Nur noch einige Worte über Matth. 26:24, eine Stelle, die von vielen als entscheidend gegen die Lehre von der Allaussöhnung angesehen wird. Luther übersetzt: „Doch wehe dem Menschen, durch welchen des Menschen Sohn verraten wird! Es wäre ihm besser, daß er nie geboren wäre." Genauer Knoch, auch in der Wortstellung: „Wehe aber jenem Menschen, durch welchen der Sohn des Menschen verraten wird! Schön wäre es Ihm, wenn er nicht geboren wäre, jener Mensch." Man bezieht in der Regel das „es wäre ihm besser" auf Judas Ischariot in dem Sinne, daß es dann auch keine ewige Verdammnis für ihn gebe. Es soll nicht bestritten werden, daß man das „Ihm" grammatisch auf Judas beziehen kann, aber wir sind mindestens ebenso berechtigt, das „Schön wäre es IHM" auf Jesus zu beziehen. Die Wortstellung legt das sogar noch näher. Man wendet dagegen ein: Wenn Judas nicht geboren wäre, dann hätte er Jesus nicht verraten können, dann wäre Jesus nicht gefangengenommen und hingerichtet worden, dann wäre Er nicht der Heiland der Welt geworden. Als wenn die Feinde nicht auch ohne die Hilfe des Judas den Herrn hätten festnehmen können! Und, sagt man weiter, in diesem Falle wäre es doch auch für Jesus nicht besser gewesen. – Aber wie kann man so etwas behaupten! War es nicht ein schmerzliches Leiden für Jesus, von Anfang an zu wissen, daß unter denen, die Er dauernd um sich hatte, ein falscher Mensch, ein Verräter war? Wie oft mag der Herr über ihn geseufzt, wieviel für ihn gebetet haben! Er wäre nicht der Heiland gewesen, wenn nicht der Gedanke an das verlorene Kind Ihm immer wieder bitteres Leid bereitet hätte. Es wäre in der Tat schön für den Herrn gewesen, ein gut Teil des Leidenskelches wäre Ihm erspart geblieben, wenn ein Judas nie gelebt hätte. Aber der Herr sollte eben menschliche Sünden in allen möglichen Formen an Sich erfahren. Wir werden übrigens auf den Fall des Judas noch zurückkommen.

Kein einziger stichhaltiger Einwand

Wir sind nach dem Vorstehenden davon überzeugt, daß von der Bibel her sich kein stichhaltiger Einwand gegen die Lehre von der Allaussöhnung erheben läßt, aber wir geben uns keiner Täuschung darüber hin, als ob nun alle, die gegen unsere biblische Beweisführung nichts Durchschlagendes zu entgegnen haben, sich diese Lehre zu eigen machen und für sie eintreten würden. Da sind oft noch eine ganze Reihe von Bedenken zu überwinden. Wir betrachten also

VI.

Außerbiblische Einwände gegen die Allaussöhnung und ihre Beantwortung

Diese Lehre verführt zum Leichtsinn

Da erklärt man vor allem, diese Lehre nehme der Verkündigung des Evangeliums allen Ernst und alle Kraft. Mehr als ein Evangelist hat sich schon dahin geäußert: „Wenn die Prediger

der Allaussöhnung Recht haben, dann können wir einpacken."
Man sagt: „Hier haben wir es mit einer äußerst gefährlichen Lehre zu tun. Sie führt zum Leichtsinn und zur Verachtung des Evangeliums. Wenn alle doch einmal selig werden, wenn es keine endlose Verdammnis gibt, wer wird sich dann noch bekehren? Werden nicht viele sagen: Wenn es so steht, dann will ich jedenfalls mein Erdenleben nach Herzenslust genießen?"
Wir wollen diese und ähnliche Einwände gewiß nicht leicht nehmen. Wir bezweifeln durchaus nicht, daß viele Menschen in ihrem Unglauben und in ihrem Leichtsinn nur bestärkt werden, wenn sie hören, daß es keine ewige Verdammnis gibt nach der Schrift. Aber ist das wirklich ein Grund, die Lehre von der Allaussöhnung zu verschweigen? Dem großen württembergischen Schriftforscher Bengel wird die Äußerung zugeschrieben: „Wer von der Apokastasis (Herrichtung von allem nach Apg. 3:21) Einsicht hat und sagt es aus, der schwätzt aus aus der Schule."

Drastischer haben andere es ausgedrückt: „Wer es nicht sieht, ist ein Ochs; wer es aber predigt, ist ein Esel." In dem Blatte „Unausforschlicher Reichtum" 1937/4 heißt es dazu: Wir halten das für eine Verleumdung der Esel, dieser braven Tiere, die oft so viel treuer ihre Pflicht tun und ihre Bestimmung erfüllen als der Mensch. Lieber wollen wir im Einklang mit Gottes Wort Jes. 1:3 dem Dichter Recht geben, der da sagt: „Der Esel kennt den Weg zu seinem Stall, der Ochs verfehlt den Pfad auf keinen Fall. Doch Gottes Söhne wissen nicht einmal, daß Er zu Sich aussöhnt das ganze All." Wir möchten bei dieser Gelegenheit mit allem Nachdruck darauf hinweisen, wie Paulus in dieser Sache urteilt. Im Anschluß an 1. Tim. 4:10, wo er mit aller Deutlichkeit ausspricht, daß Gott nicht nur der Gläubigen, sondern a l l e r Menschen Retter ist, fährt er fort: „Solches befiehl und lehre!" Wagt jemand zu sagen, gerade der unmittelbar vorangehende Satz müsse nach der Meinung des Apostels nicht gelehrt werden?

Eine gefährliche Lehre

Gibt es nicht auch andere Lehren, deren Schriftgemäßheit niemand bezweifeln darf, und die doch als gefährlich bezeichnet werden müssen? Denken wir einmal an die Lehre von der Rechtfertigung aus Gnade allein durch den Glauben, diese Kardinallehre der evangelischen Kirche, mit der sie steht und fällt. In katholischen Gegenden kann man wohl gelegentlich sagen hören: „Die Lutherschen haben ein bequemes Religiönchen", in dem Sinn: auf das Tun kommt's bei ihnen nicht an, sie trösten sich ihres Glaubens, daß Gott gnädig ist. Und wer wollte leugnen, daß zahllose Evangelische es sich mit ihrer Religion tatsächlich recht bequem machen, die Gnade Gottes auf Mutwillen ziehen, und daß mancher in seinem Sündenleben sich damit beruhigt, zu einem „Gott sei mir Sünder gnädig" werde es ja schließlich noch langen? Es ist eine nicht wegzuleugnende Tatsache, daß viele meinen, sich des Kreuzes Christi trösten zu dürfen, die nicht daran denken, sich im Glauben als solche anzusehen, die mit Christus der Sünde gestorben und der Welt gekreuzigt sind. Und es sind nicht immer nur leichtsinnige und oberflächliche Menschen, die das, was klare biblische Lehre ist, als gefährlich bezeichnen.

Von einem Evangelisten wie Finney, der seinen Hörern mit schneidender Schärfe ihre Sünden vorzuhalten pflegte, andererseits aber auch jedem Sünder, der sich entschließen würde, mit aller und jeder Sünde zu brechen und sich Christus als dem Retter von Schuld und Macht der Sünde anzuvertrauen, sofortiges Heil versprach, urteilten Leute, die als fromme, ernste Christen galten: „Er schlägt alle Sittlichkeit tot." Dürfen wir darum aufhören, die frohe Botschaft von der alles überragenden Gnade Gottes in Christus zu verkündigen? Die Frage stellen, heißt sie beantworten. Wir würden das Herzstück aus dem Evangelium herausschneiden; wir würden von der biblischen Lehre gerade das, was der einzige Trost Unzähliger im Leben und im Sterben ist, unterschlagen; wir würden uns an Gott und den Menschen aufs schwerste versündigen, wollten wir das verschweigen, was Gottes erbarmende Liebe in ihrer größten Herrlichkeit aufleuchten läßt. Nein, wir haben Gottes Wort ohne Abstriche zu verkündigen und alle unsere menschlichen Bedenken zurückzustellen. Die Verantwortung ist Gottes und nicht unser, wenn wir das verkündigen, was der Herr Seinen Aposteln aufgetragen hat zu predigen. Wenn einer sich einbildete, durch Unterschlagung der Predigt von der freien Gnade Gottes mehr Menschen zu Christus führen und ihnen zum Heil verhelfen zu können, wäre es nicht eine Torheit sondergleichen? Christus spricht Joh. 6:44: „Es kann niemand zu mir kommen, es sei denn, daß ihn ziehe der Vater, der Mich gesandt hat." Ebenso gilt aber auch das andere Wort des Herrn Joh. 6:37: „Alles, was Mir Mein Vater gibt, das kommt zu Mir." Es ist nicht Gottes Plan, schon in diesem gegenwärtigen Äon alle Menschen zu erretten, die Er aber zuvor ersehen hat, die überwindet Er durch die frohe Botschaft von Seiner Gnade in Christus, wie gefährlich sie auch manchen dünken mag.

Was aber betreffend die gefährliche Lehre von der Rechtfertigung des Sünders aus Gottes Gnade allein durch den Glauben gilt, das gilt nicht weniger betreffend die gefährliche Lehre von der Allaussöhnung. Wir tragen nicht die Verantwortung für die Wirkungen, die von dem Worte Gottes ausgehen; die wollen wir demütig und getrost Gott überlassen in dem Vertrauen: Gott weiß, was Er tut, und wird schon zu Seinem Ziele kommen. Andererseits aber haben wir nun die Gegner auf eine sehr ernste Tatsache hinzuweisen: Die Wirkungen der Lehre von der Endlosigkeit der Höllenstrafen sind geradezu verheerend und würden es noch in weit höherem Maße sein, wenn diese Lehre kraftvoller gepredigt und wirklich geglaubt würde. Die Vertreter dieser Lehre sind wohl des guten Glaubens, gegenüber einer schwächlichen Anschauung von Gottes Liebe der Schrift gemäß die Heiligkeit Gottes hell erstrahlen zu lassen, aber sie sind sich nicht klar darüber, was für ein furchtbares Zerrbild von Gott sie dadurch in den Herzen denkender Menschen entstehen lassen und diese damit tatsächlich von Gott wegstoßen.

Endlose Qual – und denkende Menschen

Samuel Keller berichtet in seinem Buche „Die Auferstehung des Fleisches" folgendes: In der Bahn kommt er mit einem hochstehenden, gebildeten Mitreisenden in ein angeregtes religiöses Gespräch. Der Mann zeigt sich für die Ausführungen des Evangelisten sehr aufgeschlossen. Aber plötzlich verändert sich sein Gesicht. Mit finsterem Blick und loderndem Ingrimm schleudert er Keller die Worte entgegen: „Geben Sie sich keine Mühe, Herr Pastor, mir die vermeintlichen Klötze aus dem Wege zu räumen. Ich will Ihnen offen gestehen, was mir seit meiner Konfirmation allen Geschmack am sogenannten rechtgläubigen Christentum verscheucht hat, so daß ich weder eine Kirche besuche noch beten kann. Das waren nicht jene naturwissenschaftlichen, logischen Einwände, sondern die eine orthodoxe Behauptung, daß die, die hier auf Erden nicht in Ihrem Sinne gläubig geworden, nach dem Tode für alle Ewigkeit zu unausdenkbaren Qualen verdammt sein sollen. Wie kann der allwissende Gott voraussehen, daß Milliarden Seiner höchststehenden Geschöpfe einem solchen Lose entgegengehen, und Er hat sie doch alle ins Leben gerufen? Ich bin Jurist – was hat eine Strafe für einen Zweck, die nicht mehr bessert, die kein weiteres Unheil für andere verhütet, sondern bloß Schuldige für Gedankensünden oder Willensfehler in der Zeitlichkeit endlos quält? Haben Sie je acht Tage lang bohrende Nervenschmerzen gehabt? Was müßte Ihr Kind verbrochen haben, daß Sie demselben zur Strafe achtzig Tage solcher Schmerzen diktieren könnten? Und nun achtzig Jahre – achthundert Jahre – achtzig Millionen Jahre – eine Endlosigkeit?

Entweder ist das eine Ungeheuerlichkeit, die jeder wirklich gläubige Christ sich beeilen müßte aufzuhellen, wegzulöschen – und es ist unerhört, daß das von all Ihren klugen, gebildeten Standesgenossen nicht schon längst für eine der wichtigsten Aufgaben gehalten worden ist – oder aber die Bibel lehrt das wirklich. Im letzteren Falle bin ich mit solch einem Buch fertig." Keller fügt dem hinzu: „Ich will nicht übertreiben – aber mehr als tausend mir persönlich bekannt gewordener Zeitgenossen haben mir diesen Vorwurf ähnlich entgegengeschleudert."

Wir wünschten, daß alle, die heute noch an der Endlosigkeit der Höllenstrafen festhalten, einmal aufmerksam läsen und bedächten, was ein gläubiger Theologe, Professor Lemme, der die Allaussöhnung, wie wir sie in der Schrift bezeugt finden, ebenso wie S. Keller mit aller Entschiedenheit ablehnt, in der Einleitung zu seiner um die Jahrhundertwende erschienenen Schrift „Endlosigkeit der Höllenstrafen und allgemeine Wiederbringung" schreibt. Es heißt da: „In seinem göttlichen Schauspiel gibt Dante im 34. Gesang von der Hölle die Schilderung des furchtbarsten Ortes der Qual in dem Eise, in dem die vier furchtbarsten Verräter stecken, Luzifer, der seinen Gott und Herrn verraten, mit Judas, dem Verräter Jesu Christi, Brutus und Cassius, den Verrätern Cäsars, die von dem dreiköpfigen Ungeheuer fortwährend zerfleischt werden. Sagt der Dichter, daß er da starr und heiser ward vor Grauen, so erbeben wir innerlich bei seiner erschütternden Schilderung. Aber auch Fragen steigen uns auf. Verstehen wir auch aus der begeisterten Verehrung Cäsars als des Urhebers des römischen Kaiserreiches, daß Dante Cäsars Verräter in den tiefsten Höllenschlund verwies, so fragen wir doch aus kühlerer geschichtlicher Betrachtung, ob Brutus und Cassius wirklich ärgere Egoisten waren als Cäsar. Aber beruhigen wir uns darüber mit der Gewißheit, daß keines Menschen Urteil Gottes Gericht ausspricht, so erhebt sich uns ein unendlich viel größeres Bedenken in der Frage: Mag der Dichter nun von der Höllenqual einen annähernd zutreffenden Eindruck erwecken oder nicht, diese entsetzliche Qual soll hunderte, tausende, hunderttausende, Millionen von Jahren fortgehen, und nach diesen Millionen wieder Millionen, und so fort bis ins Unendliche? Und nicht nur ohne Ende, sondern auch ohne Ziel? Und zu welchem Zweck? Was aber kein Ziel hat, hat ja doch auch keinen Zweck. Alles Vernünftige ist zweckvoll geordnet. Und Gott ist die ewige Vernunft Selbst. Und in der ziellosen Verdammnis hätte Gottes ewige Weisheit etwas ewig Zweckloses geordnet? Und nicht nur Bedenken hinsichtlich der ewigen Vernunft und Weisheit Gottes entstehen dem Denkenden, sondern auch hinsichtlich der Vernünftigkeit der Sache. Ist es sachgemäß, daß die Schuld der kurzen Spanne Zeit des Erdenlebens in ungezählten Milliarden von Jahren gebüßt wird? Besteht zwischen der Verfehlung der irdischen Lebenszeit und der furchtbarsten Qual einer Strafe, die auch nach Millionen von Milliarden von Jahren nicht aufhört, ein sachentsprechendes Verhältnis? Entspricht es wirklich der ewigen Gerechtigkeit, endliche, der Zeit angehörende Sünden mit unendlichen, in alle Ewigkeit nie aufhörenden Züchtigungen zu ahnden? Kein Denkender kann die Frage bejahen, und kein Verständiger kann behaupten, daß die Veranschaulichung der Endlosigkeit irgendwie übertrieben sei . . . Und wenn so viele leichthin von endloser Verdammnis reden, so können sie das nur, weil sie sich nicht die Mühe geben zu bedenken, was sie damit sagen. Aber fordert denn christliche Gesinnung überhaupt einen so entsetzlichen Gedanken? Michael Hahn hat gesagt: „Wer die Verdammnis ohne Ende glaubt, kann nicht ruhig sein, oder er hat keinen Funken von Gottes Liebe und Erbarmen in sich." Und man kann dem hinzufügen: „Wer die Verdammnis ohne Ende vertritt, behauptet sie sicher nicht aus dem Zwang unablehnbarer Gründe heraus vermöge Denknotwendigkeit, sondern der Tradition (Überlieferung) zuliebe mit Verzicht auf selbständiges Denken."

Die hervorragenden Theologen C. J. Nitzsch und Rothe haben die Annahme, daß Gott ewig erfolglos Strafe leiden lasse, für eine furchtbare Gotteslästerung erklärt, und wir können uns ihnen nur anschließen. Machen wir uns einmal folgendes klar: Die ganze Bibel rühmt die Barmherzigkeit Gottes. „Barmherzig und gnädig ist der Herr, geduldig und von großer Güte" – so klingt es durch das Alte Testament hindurch. Im Buch Jona spricht Gott zu dem Propheten: „Mich sollte nicht jammern Ninives, solcher großen Stadt, in welcher sind mehr denn 120 000 Menschen, die nicht wissen Unterschied, was rechts oder links ist, dazu auch viele Tiere?" Und im Neuen Testament ruft Johannes: „Gott ist Liebe", d. h. doch: Wie das Meer lauter Wasser ist, die Sonne lauter Glut, so ist Gott lauter Liebe, nichts als Liebe, Freundlichkeit, Gütigkeit, Barmherzigkeit durch und durch, lauter Drang, Sich mitzuteilen, Freude zu bereiten, zu beglücken, zu beseligen. Und diesem Gott traut man zu, Er habe Milliarden von Menschen zum Erleiden endloser Höllenqualen erschaffen? Oder meint man wirklich darauf entgegnen zu können: Das ist nicht Gottes Wille gewesen, es ist die Folge der Sünde, es ist die Schuld der Menschen selber, daß so viele für immer verlorengehen? Aber gibt man damit nicht die Gottheit Gottes auf? Konnte der Allmächtige diesen Ausgang nicht verhindern? M u ß t e Er es nicht, wenn Er wirklich Liebe ist? Und gesetzt den Fall, daß aus uns unbekannten Gründen dies nicht mehr möglich war, nachdem die Menschheit einmal geschaffen und in Sünde gefallen war, ist Gott nicht der Allwissende, der diese Entwicklung voraussah? Und hätte nun Seine Liebe Ihn nicht abhalten müssen, eine Menschheit ins Leben zu rufen, deren weitaus größter Teil zu nie aufhörender, furchtbarer Qual verdammt werden mußte? Welch ein armseliger, ohnmächtiger Gott, den man sich da zurechtgemacht hat!

Und nicht nur das. Man wendet das Wort des Herrn: „Wer nicht glaubt, der wird verdammt werden" in sinnloser Weise an auf Milliarden von Menschen, die überhaupt keine Gelegenheit hatten, an Jesus zu glauben, weil sie vor Seinem Kommen in die Welt schon gestorben waren oder weil sie das Evangelium von Ihm überhaupt nie gehört oder doch nicht so, daß sie wußten, worauf es ankam. Und eine solche Handlungsweise schreibt man Gott zu gegenüber Menschen, die ohne ihre Schuld die Sterblichkeit Adams, seine durch die Sünde verminderte Lebenskraft geerbt, gegenüber Menschen, die nach dem einstimmigen Zeugnis der Schrift infolge ihrer Veranlagung überhaupt nicht fähig sind, den Willen Gottes zu tun? Über solche soll Er end- und zwecklose Martern verhängen? Eine solche Handlungsweise ließe jede Spur von Billigkeit und Gerechtigkeit vermissen, gar nicht zu reden von Barmherzigkeit und Liebe. Ein Gott, der dazu fähig ist, ein Gott der Liebe – wäre es nicht der reine Hohn?

Lemme hat in den von uns wiedergegebenen Ausführungen ein Wort von Michael Hahn angeführt. Wir können vielem nicht zustimmen, was letzterer geschrieben hat, weil wir es mit der Schrift nicht in Einklang bringen können. Der Herr hat seinen Jüngern verheißen (Joh. 16:13), daß der Geist sie in alle Wahrheit leiten werde. Das tut der Herr wachstümlich, und Er hat der gläubigen, im Worte Gottes forschenden Gemeinde gerade in den mehr als hundert Jahren, die seit der Zeit Michael Hahns (gest. 1819) vergangen sind, manche Wahrheit aufgeschlossen, die ihr vorher verborgen war, gerade auch in bezug auf die letzten Dinge. Wer aber auch nur ein wenig in den Schriften Hahns gelesen hat, kann sich nur darüber freuen, wie der Geist Gottes diesen schwäbischen Bauersmann erleuchtet hat über die Himmel und Erde, das ganze Weltall umfassende Bedeutung Christi, über die Gotteskraft, die in diesem schlichten, heilig-ernsten Manne wirksam war, über die glühende Liebe zu Gott und den Menschen, die sein Herz erfüllte. Hören wir ihn selber. Er schreibt:

„Wer es ertragen kann, wenn er von unendlicher Verdammung hört, weiß nicht, was Gottes Liebe ist, und es hat sie ein solcher noch ganz und gar nicht erfahren, noch genossen ... Menschen, die keine allgemeine, alle angehende Erlösung glauben und von unendlichen Verdammnissen predigen, halte ich für die Allerunbarmherzigsten, und ich glaube nicht, daß irgendein Mensch schrecklicher wider Gott und Gottes Wahrheit, wider sein Licht und seines Herzens Sinn zeugen kann als ein solcher. Denn es heißt den lieben Gott als ein großes, feindseliges, unbarmherziges Wesen vorstellen, welchen wir doch als den Allbarmherzigen kennen und als das liebreichste Wesen verehren. O Torheit! Den Ewig-Barmherzigen mit seinen Erbarmungen in eine Zeitfrist von sechstausend Jahren einzuschränken! ... Nein! Den Menschen kann ich für keinen menschlichen Menschen halten, der nicht nur die Gedanken haben, sondern sogar die Meinung unendlicher Höllenstrafen hegen kann. Denn hätte man nicht Ursache, wenn es das wäre, bei der Geburt eines jeden Adamskindes untröstlich zu weinen und sich fast tot zu schreien, wenn man bedenkt, wie wenige zur Wiedergeburt kommen? Sollte man nicht über das Dasein solcher armen Wesen fast von Mitleiden und Erbarmen aufgerieben werden? Gott! ich gestehe, meine eigene Seligkeit fühlte eine ewige Kränkung, wenn mein Mitmensch, der kurze Zeit gesündigt hat, unendlich gestraft würde!

Darum heißt es nicht recht vor Gott gedacht und gelehrt, wenn man unendliche Höllenstrafen predigt. Das kann gewiß kein Mensch, der die Schrift und die Kraft Gottes versteht, sich selber kennt und etwas von einem Königreich und Hohenpriestertum Jesu weiß. Denn es ist wider Gottes Liebesplan... Ich gestehe, daß wenn ich nicht Hoffnung hätte, daß auch endlich noch allen, nach vielen ausgestandenen Gerichten, könnte geholfen werden, so würde ich aufgerieben vor der Zeit von lauter Mitleid und Erbarmen. Ein untröstliches Leidwesen würde mich Tag und Nacht verfolgen und quälen, so oft ich einen natürlichen Menschen erblickte oder einen auf unbekehrte Weise sterben sehen sollte. Ich würde schmerzlich jammernd ausrufen müssen: Ach Gott und Seelenschöpfer! Warum ist doch dieser Arme ins Wesen gekommen und geschaffen worden?

Wenn ich freilich die Heiligkeit und Gerechtigkeit Gottes betrachte, kann ich es mit seiner Gnade und Barmherzigkeit gar wohl reimen, wenn schreckliche Fleischesgerichte Ewigkeiten lang stattfinden über allerlei Arten von Sünden. Wenn aber Sünden, in Zeiträumen begangen, unendlich bestraft werden sollten, das würde mein Herz nicht zu ertragen imstande sein, und das je länger je weniger, und am wenigsten, wenn ich mit dem Herzen meines Erlösers am herzvertraulichsten bin ... Alsdann ist die Seligkeit völlig, wenn die arme Kreatur, im ganzen genommen, mit selig ist im vollkommensten Sinn. Selig, wer etwas hiervon fühlt und erfährt. Denn es ist ein Kennzeichen, daß er auch von dem königlich-priesterlichen Geist Jesu habe ... Es gibt Seelen, denen die Lehre von der Wiederbringung zu einem Bedürfnis worden ist, die nicht nur keinen Schaden, sondern großen Nutzen haben; weil es nicht möglich ist, daß man ohne diesen Lehrbegriff die ganze Wahrheit erkennen kann. Ja! die Seelen, die Gottes Liebe, Christi Geist und Sinn haben, könnten's oft kaum eine Stunde prästieren (aushalten), wenn sie recht ins Nachdenken kommen, ohne die Erkenntnis der allgemeinen, alle angehenden Versöhnung und gänzlichen Wiederbringung alles Verlorenen!"

Endgültige Vernichtung der Verdammten

Es ist in der Tat kaum zu verstehen, wie heute noch die fürchterliche Lehre von den endlosen Höllenqualen so viele Anhänger finden kann. Es läßt sich nur erklären einerseits aus der Macht der überkommenen Anschauungen, an denen man in Ehrfurcht vor den vermeintlichen Lehren der Bibel festhalten zu müssen glaubt, und andererseits aus dem Mangel an klarem, folgerichtigem Durchdenken dessen, was jene Lehre in sich schließt. So sagt denn auch Lemme: „Kein denkender Dogmatiker der Gegenwart wagt denn auch mehr, die volle Endlosigkeit der Verdammnis für alle nicht in Christo Beseligten in vollem Umfang zu behaupten." Er selber entscheidet sich – wie auch Samuel Keller – für die Vernichtung der Verdammten. Er weist auf Stellen hin wie Röm. 11:36: „Von Ihm und durch Ihn und zu Ihm sind alle Dinge"; Joh. 3:35: „Der Vater hat den Sohn lieb und hat Ihm alles in Seine Hand gegeben"; 1. Kor. 15:28: „auf daß Gott sei alles in allen": „Das sind die Stellen, nach denen die Weltentwicklung schließlich in ein universales, positives Ziel ausmünden wird, also nicht endlos bis in ungezählte Milliarden von Jahren ein Reich der Verdammnis und des Todes neben dem vom Geiste Gottes durchdrungenen Reich Gottes fortbestehen wird, sondern das All schließlich so vom Reiche Gottes durchdrungen sein wird, daß Gott Seinen Namen vor der ganzen Welt geheiligt hat."

Lemme nimmt an, daß die Gottlosen, eben weil sie in der Gottesferne sind, getrennt von Gott, dem Quell alles Lebens, mit der Zeit alles Leben verlieren. Er schreibt: „Nur das Gute baut, das Böse zerstört. Überall erfahren wir die Sünde als eine auflösende, zersetzende Macht. Nicht anders können wir uns ihre Wirkung im Jenseits vorstellen. Der Zustand unvergebener Schuld, aussichtsloser Gewissensqual, lichtloser Selbstmarterung kann nur als ein Zustand fortwährender und steigender Selbstauflösung, Selbstzersetzung und Selbstzerrüttung gedacht werden, der allmählich in Vernichtung übergehen muß . . . den Verdammten Unendlichkeit zuzuschreiben, ist ein Widerspruch in sich selbst."

Ist die Vernichtungslehre auch nicht so ungeheuerlich wie die Lehre von den endlosen Höllenqualen und ist sie in mancher Beziehung den Anhängern der letzteren nicht so anstößig, so können wir ihr doch nicht beipflichten, vor allem aus dem Grunde, weil sie nicht im Einklang ist mit den vielen von uns angeführten Schriftworten, die die endliche Errettung aller verbürgen. Auch diese Lehre bedeutet eine Beeinträchtigung der Herrlichkeit Gottes und des Erlösungswerkes Christi. Auch nach ihr könnte der Satan schließlich triumphieren, daß er das Rettungswerk Gottes in Christus in weitestem Maße vereitelt habe.

Kein Gerichtsernst

Im übrigen ist es durchaus nicht so, als ob der Verkündigung des Evangeliums von dem Gott, der entschlossen ist, alle Menschen zu retten, der heilige Gerichtsernst fehlen müßte. Mag es immerhin richtig sein, daß der Ursprung des Glaubens an die Allbeseligung bei manchen in ihrer Sentimentalität wurzelt; mag es zutreffen, daß viele Anhänger der Allaussöhnungslehre des christlichen Ernstes und der christlichen Entschiedenheit ermangeln, so wäre es doch eine Ungerechtigkeit, das von allen zu behaupten. Es sind unter ihnen nicht wenige, denen niemand den Gnadenstand absprechen wird und die mit heiligem Ernst reden, auch wenn sie von der Allaussöhnung sprechen. Wir sind sogar der Überzeugung, daß gerade von ihnen weit nachdrücklicher und nachhaltiger der Ernst des Evangeliums den Herzen nahegebracht werden kann. Was an menschlicher Predigt wirkt, ist das Wort Gottes, und alle Abstriche oder Zutaten können nur seine Wirkung beeinträchtigen. Nur das, was Gottes Wort ist, macht der heilige Geist zum Heile wirksam. Alles Reden von ewigem Tod und endloser Höllenqual ist menschlicher Zusatz zum Worte Gottes. Man sollte sich auch nicht einbilden, daß die große Masse der sogenannten Christenheit das Predigen von den endlosen Höllenqualen wirklich ernst nimmt.

Andererseits wird wohl niemand bestreiten, daß der größte Missionar aller Zeiten der Apostel Paulus gewesen ist. Hat er etwa auch die Höllenpeitsche geschwungen? Das Wort Gehenna (Hölle) kommt in allen seinen Briefen auch nicht ein einziges Mal vor; 1. Kor. 15:55, wo Luther übersetzt „Hölle, wo ist dein Sieg", steht im Urtext nach den besten Handschriften „thanatos" (Tod); weniger gut bezeugt ist die Lesart „hades" – von „gehenna" (Hölle) ist nirgends etwas zu lesen. Wir haben evangelistische Reden des Apostels: Apg. 13:16–41; 14:15–18; 17:22–31; 20:18–35; 22:2–21; 24:10–21; 26:2–23; 28:17–20. Gewiß redet Paulus in sehr ernster Weise vom Verlorengehen, was aber nicht ewige Verdammnis bedeutet, sondern Ausschluß von der Herrlichkeit des Messiasreiches, von dem äonischen Leben, Verurteilung und Leiden im Gericht. Er spricht von äonischem Verderben, vom gerechten Gerichte Gottes, wenn der Herr Jesus wird offenbar werden vom Himmel mit Feuerflammen, Rache zu geben über die, so Gott nicht erkennen (2. Thess. 1:7–8). An solchen Stellen ist nicht zu rütteln, und nicht zu deuten: sie sollen und müssen ihr Vollgewicht unter allen Umständen behalten.

Das gilt auch von all den ernsten Worten unseres Herrn und Seiner Apostel. Wir wollen und brauchen an keinem noch so ernsten Gerichtswort vorüberzugehen. Wir können und dürfen z. B. die gewaltige Schilderung des Gerichts vor dem großen weißen Thron in ihrem ganzen erschütternden Ernste den Menschen vor Augen stellen, und wir sind gewiß, eben weil wir nichts aus Eigenem hinzutun und in menschlicher Art Gottes Wort übersteigern, wird es um so machtvoller wirken. Aber bei dem allen ist festzuhalten: Alle Gerichte und Gerichtszustände sind für Gott nur W e g e zum Ziel. Das Ziel des Alliebenden ist das Heil, die Rettung, die Herrlichkeit aller.

Im übrigen zeigen uns manche Worte des Apostels Paulus, daß man auch ihm den Vorwurf machte, durch seine Lehre von der Gnade die Menschen in ihrem Leichtsinn zu bestärken und sie geradezu zum Sündigen anzutreiben. Denken wir an Röm. 3:8: „Warum sollte ich nicht also tun, wie wir gelästert werden, und wie etliche sprechen, daß wir sagen: Lasset uns Übles tun, auf daß Gutes daraus komme?" Röm. 6:1: „Sollen wir in der Sünde verharren, auf daß die Gnade mächtiger werde?" Röm. 6:15: „Sollen wir sündigen, dieweil wir nicht unter dem Gesetz, sondern unter der Gnade sind?" Aber alle Verdrehung seiner Worte und alle Verleumdung hat den Apostel nicht abhalten können, das hohe Lied von der Gnade in vollsten Tönen zu singen. Bleiben auch wir uns dessen immer bewußt: Wir haben Gottes Wort zu verkündigen. Was es wirkt, das ist nicht unsere, sondern Gottes Sache; Er trägt die Verantwortung dafür.

Keine Willensfreiheit

Ein weiterer Einwand: Die Lehre von der Allaussöhnung hebt die menschliche Willensfreiheit auf. Wenn Gott den Plan hegt und ausführt, alle Menschen einmal zu retten und herrlich zu machen, dann ist ja der Mensch nur eine Puppe in Seiner Hand, eine willenlose Maschine, seine Seligkeit etwas Erzwungenes, und ist solcher Zwang mit Seligkeit und Herrlichkeit überhaupt vereinbar?

Wir fragen dagegen: Wenn der Mensch wirklich Freiheit des Willens besitzt, wenn auch nur e i n Mensch d a u e r n d dem Willen Gottes zu widerstehen vermag, wo bleibt dann die Gottheit Gottes? Wenn die Menschen imstande sind, dem Willen Gottes auf die Dauer ihren eigenen Willen entgegenzusetzen und so Gottes Willen zu vereiteln, ist dann den Weissagungen der Schrift überhaupt noch zu glauben? Nein, die Bibel weiß nichts von einer völligen Freiheit des menschlichen Willens. Es hat nur E i n e r im Weltall einen freien Willen, und das ist Gott. „Er lenket ihnen allen das Herz" (Ps. 33:15). „Wer kann Seinem Willen widerstehen?" Röm. 9:19. Luther hat ein ganzes, umfangreiches Buch geschrieben „Vom unfreien Willen", um zu zeigen, „daß der freie Wille nichts sei". Er vergleicht den Willen des Menschen einmal mit einem Pferde, das sich nach eigener Lust bewegt und darin seine Freiheit hat, ob es die Füße hebt oder mit dem Kopfe schlägt usw., aber die Richtung, in der es geht, wird ihm vom Reiter angetan. So sei es auch mit dem Menschen. In manchen äußeren Dingen hat derselbe eine gewisse Freiheit, aber die Grundrichtung wird ihm angetan vom Satan oder von Gott.

Es ist in der Tat so, daß Gott uns nur einen gewissen Spielraum für unsere Entschlüsse läßt. Unsere Willensentschlüsse kommen zustande durch zweierlei: das Erbgut, das wir in uns tragen, und die Wirkungen, die von der Umwelt auf uns ausgehen. Nur Menschen, denen das verborgen ist, können sich einbilden, völlig frei ihre Willensentscheidungen zu treffen. Andererseits werden Menschen, die den Charakter, die Neigungen, Triebe, Schwäche eines anderen genau kennen, mit einiger Sicherheit im voraus beurteilen können, wie der Betreffende auf diese oder jene Einwirkung reagieren wird. Weil Gott alle Menschen bis in die tiefsten Tiefen ihres Herzens durchschaut und alle Mittel, auf sie einzuwirken, Ihm zur Verfügung stehen, darum kann und wird Er sie alle dahin bringen, wohin Er sie haben will.

Damit steht auch nicht im Widerspruch, daß oft Menschen bis zu ihrem Untergang sich Gott widersetzen. Wir brauchen nur an Pharao zu denken. Es war nicht Gottes Absicht, daß Pharao bereitwillig Israel ziehen ließ. Im Gegenteil: Weil Gott Seine Macht und Herrlichkeit kundtun wollte, darum mußte Gott Widerstand geleistet werden, und es ist Gott Selber, der den Pharao immer wieder dazu veranlaßt. Schon bevor Pharao von der ganzen Sache etwas weiß, sagt Gott, 2. Mose 4:21: „Ich will sein Herz stärken, standhaft machen." So übersetzen wir richtiger mit Knoch das hier stehende hebräische Wort, das Luther regelmäßig mit „verstocken" wiedergibt, so oft es sich um Pharao handelt. So übersetzt auch der hervorragende Frankfurter Rabbiner Samson Raphael Hirsch in seinem Kommentar: „Ich aber werde sein Herz fest sein lassen." Gott Selber veranlaßt den Pharao, sich Ihm zu widersetzen. Die Schriftgelehrten verschließen sich vielfach dieser Erkenntnis aus Besorgnis,

Gott ins Unrecht zu setzen. Es ist nicht umsonst, daß Paulus Röm. 9:19 in bezug auf die Verhärtung Pharaos schreibt: „So sagst du zu mir: Was beschuldigt Er denn uns? Wer kann Seinem Willen – Knoch: seiner Absicht – widerstehen?" Die Antwort, die Paulus auf diese Frage gibt, Vers 20 und 21: „Ja, lieber Mensch, wer bist du denn, daß du mit Gott rechten willst? Spricht auch ein Werk zu seinem Meister: Warum machst du mich also? Hat nicht ein Töpfer Macht, aus e i n e m Klumpen zu machen ein Gefäß zu Ehren und das andere zu Unehren?" wird von manchen Theologen geradezu abgelehnt, und andere, die das nicht wagen, stoßen sich doch insgeheim an ihr. Da ist etwas im menschlichen Herzen, was sich dagegen sträubt, Gott auf eine höhere Stufe zu stellen, als die ist, auf der wir stehen. Wir wollen Ihm nicht gestatten, irgend etwas zu tun, was mit unseren selbstgemachten Begriffen von Recht und Unrecht nicht ohne weiteres übereinstimmt. Aber ist uns die Schrift Gottes Wort? Dann laßt uns ihr auch glauben. Laßt uns zu der Anschauung des Apostels uns erheben und Ernst machen mit der Gottheit Gottes!

Gewiß, wenn wir der Meinung sind, der Pharao, den doch Gott Selbst zum Widerstand gegen den Allmächtigen ermuntert, habe im Roten Meer geendet, um fortan endloser Verdammnis verfallen zu sein, so wird es uns schwerfallen, ja unmöglich sein, Gottes Verfahren mit Pharao in Einklang zu bringen mit dem Glauben an die Gerechtigkeit und Güte Gottes. Aber die Schrift stellt uns ein anderes Bild vor Augen: Pharao wird auferstehen und vor dem großen weißen Thron gerichtet werden. Und so wahr Gott Gott ist, Pharao wird sich beugen vor dem Richterspruch Christi und ihn als gerecht anerkennen. Pharao wird nach überstandenem Gericht in den zweiten Tod sinken und für sein Bewußtsein im nächsten Augenblick darauf zu Seligkeit und Herrlichkeit auferstehen, und mit allem, was da lebt im ganzen Weltenall wird er einstimmen in den Lobpreis des großen Gottes, der Sich auch seiner erbarmt hat. Keine vorwurfsvolle Frage an Gott wird aus seinem Munde kommen, aber Lob und Dank dafür, daß Gott ihn, Sein unwürdiges Geschöpf, gebrauchte, um Seinen Namen zu erhöhen und Seinen Ruhm auszubreiten.

Ähnliches gilt für den Fall des Judas Ischariot. Judas war nach der Schrift offenbar dazu bestimmt, seinen Herrn und Meister zu verraten. Der Herr Selbst fordert ihn bei dem Vorbereitungsmahl zum Passah auf (Joh. 13:27): „Was du tust, das tue bald!" und weist ihn damit aus dem Jüngerkreis hinaus. Schon vorher war, nicht ein gewöhnlicher Dämon, sondern der Satan selbst in ihn gefahren. Wir wollen den Judas durchaus nicht entschuldigen – es ist und bleibt etwas Furchtbares, daß ein Jünger, der Jahre hindurch in innigster Gemeinschaft mit dem heiligen, liebevollen, herrlichen Gottessohn gewandelt, Ihn verraten konnte – aber die Frage möchten wir doch stellen: Welcher gläubige Christ hat den Mut zu sagen, daß er in der Lage des Judas – es war ja noch vor Pfingsten – die Versuchung überwunden hätte? Nur der Glaube an die Allaussöhnung gibt eine befriedigende Lösung der schwierigen Fragen, die mit dem Fall Judas Ischariot verknüpft sind.

Kein Anknüpfungspunkt für Verstorbene

Aber, so möchte nun jemand fragen, wie soll eine solche innerliche Umwandlung, wie wir sie für Pharao annehmen, bei ihm und unzähligen anderen zustande kommen? Ein bekannter, inzwischen entschlafener Evangelist sagte uns vor Jahren, ein Hauptgrund für ihn, die Allaussöhnung abzulehnen, bestehe darin, daß seines Erachtens Gott keinen Anknüpfungspunkt mehr in dem Menschen finden könne, der sein Leben lang die Gnade Gottes in Christus abgelehnt habe. Darauf ist zunächst zu sagen, daß es immer nur ein verhältnismäßig kleiner Teil der

Menschheit gewesen ist, dem das Evangelium so gepredigt wurde, daß er sich vor die Entscheidung für oder gegen den gekreuzigten und auferstandenen Gottessohn gestellt sah. Ferner: Wer will dem allmächtigen Gott Grenzen ziehen, über die hinaus Ihm ein Wirken auf den Menschen zu seinem Heil nicht mehr möglich sei? Wir sind im Gegenteil der Überzeugung, daß die Wege Gottes mit den ungläubig Verstorbenen nicht nur in einigen von ihnen das Verlangen nach dem Heil in Christus zu wecken vermögen, sondern daß das gewaltige Erleben, das Gott über sie kommen läßt, alle ohne Ausnahme dazu führen wird, ihre Sünden zu bereuen und das Heil in Christus zu ersehnen.

Wir erinnern an das, was wir über das Gericht vor dem großen weißen Thron gesagt. Die Toten sehen sich auferstanden, ins Leben zurückgekehrt. Wir können uns ja gar keinen Begriff machen von dem Staunen und der das Innerste durchzitternden Erregung dieser Menschen, wenn sie plötzlich die Stimme des Sohnes Gottes hören, die sie herausruft aus ihren Gräbern. Sie waren tot und sind aufs neue erwacht. Wie muß diese Tatsache wirken zumal auf die, die bei Lebzeiten es verlachten, daß es ein Leben nach dem Tode geben sollte! Nun sehen sie sich vor Gericht gestellt — muß nicht auch dem verstocktesten Sünder jetzt das Gewissen schlagen, dessen Mahnungen und Warnungen er tausendfach in den Wind geschlagen und das er vielleicht als etwas bezeichnet hatte, was man dem Menschen anerzogen und angewöhnt hätte? Man hat ja auch spöttisch von einem Gewissenskatarrh gesprochen. Und wen sehen sie auf dem Richterstuhl? Keinen anderen als den von der Welt durch alle Jahrhunderte hindurch verachteten und verspotteten Jesus von Nazareth. Den man einst wie einen gemeinen Verbrecher ans Kreuz gehängt, den schauen sie jetzt als Weltenrichter auf dem Thron, Sein Angesicht leuchtend wie die Sonne, in unaussprechlicher Herrlichkeit. Die das Evangelium von

Ihm gehört und abgelehnt – braucht es für sie überhaupt noch etwas anderes als Seinen Anblick, um sie zur Erkenntnis ihres verfehlten Lebens, ihrer Schuld zu bringen?

Aber auch die anderen alle müssen es erfahren: „Der Herr wird ans Licht bringen, was im Finsteren verborgen ist, und den Rat der Herzen offenbaren" (1. Kor. 4:5). Denken wir an die Samariterin am Jakobsbrunnen. Welchen Eindruck macht es auf sie, als der Herr ihr sagt: „Fünf Männer hast du gehabt, und den du nun hast, der ist nicht dein Mann!" Sie läßt ihren Krug stehen und läuft in die Stadt: „Kommt, sehet einen Menschen, der mir gesagt hat alles, was ich getan habe, ob Er nicht der Christus sei." Es sei uns gestattet, hierzu ein Beispiel aus neuerer Zeit anzuführen. Der Schriftsteller Heinr. Zschokke, gest. 1848, hatte eine eigentümliche Gabe. Dann und wann, wenn er einem fremden Menschen ins Angesicht sah, enthüllte sich ihm wie durch ein zweites Gesicht die Vergangenheit dieses Menschen. Wie C. Stuckert in seinen „Jesusgeschichten" erzählt, kehrte Zschokke einmal an einem Markttag in Waldshut – Zschokke brachte den größten Teil seines Lebens in der Schweiz zu – im Gasthof zum „Rebstock" ein und speiste an der zahlreich besetzten Wirtstafel zu Nacht, wo zwei Fremde sich eben über allerlei Eigentümlichkeiten der Schweizer lustig machten. Besonders ein junger Mann, der ihm gegenüber saß, trieb den ausgelassensten Witz. Da erwachte in Zschokke die Gabe des inneren Gesichts, also daß das Leben dieses jungen Mannes wie im Bilde an ihm vorüberging. Nun wandte sich Zschokke an ihn mit der Frage, ob er ihm ehrlich antworten werde, wenn er ihm das Geheimste aus seinem Leben mitteilen würde, obwohl er ihn noch niemals gesehen habe. Jener versprach es. Und nun erzählte Zschokke, was er innerlich gesehen hatte, und die ganze Tischgesellschaft erfuhr die Geschichte des jungen Kaufmanns, seiner Lehrjahre, seiner kleinen Verirrungen, endlich auch eine von ihm begangene Sünde an der Kasse seines Prinzipals. Er beschrieb ihm das unbewohnte Zimmer mit geweißten Wänden, wo rechts von der braunen Tür auf einem Tisch der schwarze Geldkasten gestanden habe. Es herrschte bei der Erzählung in der Gesellschaft Totenstille. Nur manchmal unterbrach sich Zschokke mit der Frage, ob er die Wahrheit rede. Voller Entsetzen bestätigte der junge Kaufmann jeden Umstand, sogar jenen Diebstahl. Wenn nun schon einem gewöhnlichen Menschen wie Zschokke gelegentlich solch ein wunderbares Wissen um andere gegeben war, wer will daran zweifeln, daß dies im höchsten Maße der Fall sein wird bei dem, dem Gott gegeben das Gericht zu halten? Und welche Wirkungen wird das auslösen? Wenn im Gericht vor dem großen weißen Thron der Angeklagte es inne wird, daß sein ganzes Leben mit allen seinen Gedanken, Worten und Werken vor dem Richter offen liegt wie die aufgeschlagenen Seiten eines Buches, wird er auch nur den Versuch machen, seine Schuld zu leugnen oder sie zu beschönigen?

Als Petrus den wunderbaren Fischzug getan, in dem er das Wirken des heiligen Gottes verspürt, sinkt er vor Jesus, der für das äußere Auge doch nur ein Mensch ist wie andere auch, in die Knie: „Herr, gehe von mir hinaus, ich bin ein sündiger Mensch!" Werden die Sünder vor dem großen weißen Thron angesichts der Heiligkeit des Weltenrichters es wagen, gegen Sein gerechtes Urteil sich aufzulehnen? Wir haben schon darauf hingewiesen, daß Richten im biblischen Sinne ein Zurechtbringen ist, daß auch die strengsten Züchtigungen auf das schließliche Heil des Sünders abzielen, und wenn er im Gericht das verspürt, was soll ihn abhalten, vor Christus in Reue und Demut sich zu beugen? Im Erdenleben hält, was in der Welt ist, Fleischeslust, Augenlust und hoffärtiges Leben, viele ab, zu Christus zu kommen und von Ihm sich retten zu lassen, aber diese Hindernisse sind jetzt nicht mehr da. Offb. 20:11

heißt es ja: „Ich sah einen großen weißen Thron und Den, der darauf saß; vor des Angesicht floh die Erde und der Himmel, und ihnen ward keine Stätte gefunden." Und die zum Gericht Auferstandenen sehen schließlich den Weltenrichter umgeben von einer großen Schar leuchtender Gestalten, alle verklärt in das Bild Jesu Christi. Waren nicht diese alle auch einst Menschen wie sie selbst, die jetzt das Gericht erleiden! Nun sehen sie – sie brauchen nicht zu glauben – sehen sie mit ihren Augen, zu welcher Seligkeit und Herrlichkeit der gekreuzigte und auferstandene Heiland die Seinen führt. Wir dürfen dessen sicher sein: Was die zum Gericht Auferstandenen vor dem großen weißen Thron erleben, macht sie innerlich fähig, den vollen Reichtum der Gnade Gottes zu empfangen in der Lebendigmachung. Gewiß, dies Erleben, so tiefgehend seine Wirkungen sein mögen, kann ihnen das zweite Sterben nicht ersparen. Sie sind eben nur vorübergehend auferstanden, um gerichtet, für das Heil zubereitet zu werden, und sinken deshalb, nachdem ihre Erziehung im Gericht vollendet, in den Tod zurück. Es ist bei ihnen nicht anders als bei denen, die während ihres Erdenlebens an Jesus gläubig geworden sind, mit Ausnahme derer, die die Wiederkunft des Herrn erleben und dann verwandelt werden, den Unsterblichkeitsleib gleichsam über den sterblichen Leib anziehen. Die zum Gericht Auferstandenen haben den Äon des tausendjährigen Reiches nicht miterlebt; sie werden ebensowenig den Äon des neuen Himmels und der neuen Erde miterleben. Das ist völlig in Übereinstimmung mit der großen Wahrheit, daß nur die, die bei Lebzeiten an Jesus glauben, das äonische Leben haben werden. Erst wenn der Herr alle anderen Feinde überwunden hat, wird auch der zweite Tod aufgehoben (1. Kor. 15:26). Was wird das für ein Jauchzen, ein Lob- und Dankgetöne im Himmel und auf Erden sein, wenn nicht nur die Sünde, sondern auch alles Schlimme, was sie in ihrem Gefolge hatte, wenn alles Todeswesen aufgehoben ist, wenn der große Gottessohn zum zweiten Male und dann in weit umfassenderem Sinn als das erste Mal das Wort (Joh. 17:4) zu dem Vater sprechen darf: „Ich habe vollendet das Werk, das Du Mir gegeben hast, daß Ich es tun sollte."

Kein Antrieb für die Evangelisation

Im Zusammenhang mit dem Vorstehenden wollen wir kurz eingehen auf den Vorwurf, den man den Vertretern der Lehre von der Allaussöhnung oft gemacht hat: Wenn, wie ihr sagt, doch alle Menschen schließlich selig werden, so fällt damit hin, was ein Hauptantrieb für das Werk der Evangelisation und der Heidenmission ist. Was sollen wir darauf antworten? Wir sind freilich der Überzeugung, daß es nicht der Plan Gottes ist, in diesem Äon die ganze Menschheit zu Christus zu bringen. Der Plan Gottes ist zunächst die Sammlung einer Auswahlgemeinde aus allen Völkern, die Erbauung des Körpers Christi (Eph. 4:11–16). Wenn Jesus wiederkommt, wird Er Seine verherrlichten Auserwählten als Seine Organe gebrauchen, nun das ganze Weltall dem Vater untertan zu machen. Christus hat von Gott einen Auftrag erhalten, wie er nie einem anderen zuteil geworden, nämlich das ganze Weltall Gott untertänig zu machen. Dementsprechend erstreckt sich der Zeitraum, währenddessen Er Seine Anhänger sammelt, Menschen, die sich Ihm ganz zu eigen geben, die Er mit Seinen Gedanken und Seinem Geiste erfüllen kann, auch nicht bloß über einige Jahre oder Jahrzehnte, sondern nun bereits über fast zwei Jahrtausende. Alles, was der Herr vom Himmel her jetzt wirkt durch die Verkündigung des Evangeliums, ist in der Hauptsache nur Vorbereitungsarbeit auf das Wirken Christi in großem Stile hin, das nun bald seinen Anfang nehmen wird, wenn Er aus Seiner Verborgenheit heraustritt und die Macht ergreift, die Ihm der Vater längst zugesprochen. Aber wie soll die Fülle der Heiden eingehen (Röm. 11:25), wenn nicht in der sogenannten Christenheit und in der Heidenwelt das Evangelium in der Kraft des heiligen Geistes verkündigt und für die

Sache Christi geworben wird? Ist nicht gerade der Apostel Paulus, der so klar die Lehre von der Allaussöhnung verkündigt, der größte Missionar aller Zeiten gewesen? Konnte er nicht sagen: „Ich habe viel mehr gearbeitet denn sie alle?" (1. Kor. 15:10). Und wer immer von der Liebe Gottes in Christus überwunden ist, wird er nicht mit dem Apostel sprechen müssen: „Ich bin ein Schuldner, beides der Griechen und Ungriechen, der Weisen und Unweisen?" (Röm. 1:14). Und je mehr er die großen Gedanken Gottes mit einer verlorenen Welt verstehen lernt, wird es seine Freude sein, daß das herrliche Evangelium in aller Welt gepredigt wird und daß er dabei mithelfen darf.

Und die abgefallenen Engel?

Was bringt man nicht alles gegen die Allaussöhnung vor! Da fragt man wohl auch spöttisch: Wenn schließlich alle Menschen errettet werden, auch die Söhne des Bösen (wörtliche Übersetzung), von denen der Herr Matth. 13:38 spricht, auch die Juden, die Er Schlangen und Otterngezüchte nennt (Matth. 23:33) und von denen Er sagt: „Ihr seid von dem Vater, dem Teufel" (Joh. 8:44), warum denn nicht diese Linie verlängern und auch die abgefallenen Engel und endlich Satan selber selig werden lassen? Damit glaubt man dann, die Unsinnigkeit der Lehre von der Allaussöhnung dargetan zu haben. Was antworten wir darauf?

Ströter schreibt in seinem Buche „Die Allversöhnung in Christus": „Von einem gesegneten Knechte Gottes wird erzählt, daß er in stiller, vertraulicher Stunde seinen Schülern die Frage vorgelegt habe: Brüder, und wenn es sich nun herausstellen sollte, daß unser großer Gott dennoch schließlich mit allen Ungläubigen und Gottlosen in einer Weise fertig würde, daß sie alle aus freiem, vollem Herzen vor Ihm die Knie beugen würden und in seliger Beugung bekennen, daß Christus der Herr sei zur Ehre Gottes des Vaters – hättet ihr etwas dagegen?

Darauf erst stummes Staunen, dann schüchtern die Antwort: Nein, Herr Inspektor! Darauf dieser: Und wenn es gar der Fall wäre, daß auch Satan und all sein Heer endlich dennoch sich willig unter das sanfte Joch unseres herrlichen Herrn beugen und Ihm in Ewigkeiten dienen würden in heiligem Schmuck – hättet ihr etwas dagegen? Darüber noch tieferes Staunen und noch längeres Schweigen. Endlich aber doch die Antwort: Nein, Herr Inspektor! Darauf dieser: Ich auch nicht!" Und sagen wir zuviel, wenn wir behaupten, daß viele Kinder Gottes genau so zu dieser Frage stehen? Wenn sie es auch nicht offen auszusprechen wagen, in ihren Herzen denken sie doch: Ja, unbeschreiblich schön und herrlich wäre es, wenn endlich einmal alle Feindschaft gegen Gott, alle Sünde und damit auch alles Leid und alles Verderben für immer aus dem ganzen Weltall verschwunden wären.

Kann man sich einen größeren Triumph Gottes vorstellen, als daß es Seiner Macht, Seiner Weisheit, Seiner Liebe, unbeschadet Seiner Gerechtigkeit und Heiligkeit, gelingt, alle Seine Geschöpfe zu williger, freudiger Anbetung Seiner Selbst zu bringen? Und eben dies sind nicht sentimentale Träume menschlicher Phantasie, sondern die gewissen Zusagen und Verheißungen Gottes. Oder sagt nicht Paulus Kol. 1:19–20, es sei das Wohlgefallen Gottes gewesen, durch Christus alles auszusöhnen zu Ihm Selbst, es sei auf Erden oder im Himmel? Vgl. auch Eph. 1:10. Sagt nicht auch derselbe Apostel 1. Kor. 15:24, daß Christus aufheben wird alle Herrschaft und alle Obrigkeit und alle Gewalt, um schließlich alles dem Vater zu übergeben? Warum nicht aller Schrift glauben, fragen wir, zumal wenn sie so unbeschreiblich große und herrliche Dinge verheißt? Oder will jemand im Ernste gegenüber so vielen klaren Zeugnissen der Schrift es aufrechterhalten, daß ein Reich Satans, des Feindes und Widersachers Gottes, bis in die fernsten Zeiten weiterbestehen werde, ein Reich undurchdringlicher, grausiger Finsternis, ein Reich bewußter, ungebrochener

Auflehnung, Lästerung und nie ermattender Feindschaft gegen den Christus Gottes? Was macht man mit solchen Gedanken aus der Majestät, aus der Gottheit Gottes?

Vom Ursprung des Bösen

Damit berühren wir einen Punkt, in dem die wenigsten Christen biblisch denken: Satan und Sünde. Auf die Frage, wie die Sünde in die Menschen eingedrungen sei, gibt uns die Schrift die Antwort, daß das durch die ersten Menschen geschah. Sie sagt uns auch, daß die Sünde von außen her eindrang und zwar durch die Schlange, die da heißt der Teufel und Satanas (Offb. 12:9). Wie aber ist der Satan in die Sünde hineingekommen? Die allgemeine Ansicht ist die, daß der Satan, ein von Gott ursprünglich rein und heilig erschaffener Engelfürst, von Gott abgefallen sei; man redet von einem „Fall Satans". Die Schrift sagt nichts von einem solchen. Dagegen sagt der Herr Joh. 8:44 von dem Satan: Er ist ein Mörder von Anfang und – wie Luther übersetzt – „nicht bestanden in der Wahrheit, denn die Wahrheit ist nicht in ihm".

In seinem Buche „Das neue Testament vom Standpunkt der Urgemeinde ganz neu aufgefaßt, wortgetreu übersetzt und mit Anmerkungen versehen", das im Jahre 1878 erschienen ist, übersetzt der Schweizer Pfarrer L. Reinhardt folgendermaßen: „Derselbige war ein Menschenmörder von Anfang an und ist nicht *gestanden* in der Wahrheit." Er bemerkt dazu: „Luther und die von der katholischen Orthodoxie beherrschte kirchliche Überlieferung übersetzt hier ‚bestanden', d. h. stehengeblieben. Das ist aber nicht nur ganz willkürlich, sondern widerspricht geradezu dem Zusammenhang und dem ganz ausdrücklichen ‚von Anfang (der Schöpfung) an'. Vgl. 1. Joh. 3:8. Wenn man genau und vorurteilsfrei übersetzt, so lassen sich freilich obige Worte des Herrn mit der kirchlichen Lehre vom Teufel absolut nicht vereinigen, aber es ist Pflicht eines jeden aufrichtigen Christen, eher eine nachweisbar aus dem Heidentum stammende Anschauung preiszugeben, als an den Worten unseres Heilandes zu drehen und zu deuten." So weit L. Reinhardt. Er gibt jedenfalls die ganz wörtliche Übersetzung, wie auch Knoch übersetzt: „er hat nicht *gestanden* in der Wahrheit". In der Stelle aus dem 1. Johannesbrief (3:8), auf die Reinhardt verweist, heißt es vom Teufel: „Er sündigt von Anfang an."

Wenn jemand behaupten wollte, Adam hätte von Anfang an gesündigt, so würden wir das mit Recht bestreiten, denn Adam hat zweifellos schon einige Zeit im Paradiese vor dem Sündenfall gelebt, auch schon vor Erschaffung des Weibes. Wenn aber die Schrift vom Satan sagt: „Er sündigt von Anfang an", „Er hat nicht gestanden in der Wahrheit" – warum wollen wir dies nicht gelten lassen, wie es dasteht? Offenbar weil es den herkömmlichen Anschauungen widerspricht; weil der Gedanke uns vielleicht geradezu gotteslästerlich erscheint, Gott habe den Satan schon als ein nicht in der Wahrheit stehendes Geschöpf geschaffen und sei damit der Urheber der Sünde; wir stoßen uns an dem, was geschrieben steht, weil wir uns anmaßen, Gott vorschreiben zu dürfen, was Er zu tun und zu lassen hat.

Es ist zweifellos, daß die Schrift öfter Gott eine Handlungsweise zuschreibt, die wir bei Menschen als sündig verurteilen müßten. Denken wir nur z. B. an die Geschichte von Ahabs Untergang, 1. Kön. 22; 2. Chr. 18. Wir werden in eine himmlische Ratsversammlung hineingeführt. Und der Herr sprach: Wer will Ahab überreden, daß er hinaufziehe und falle zu Ramoth in Gilead? Da ging ein Geist heraus und trat vor den Herrn und sprach: Ich will ihn überreden. Der Herr sprach zu ihm: Womit? Er sprach: Ich will ausgehen und will ein falscher Geist sein in aller seiner Propheten Munde. Er sprach: Du sollst ihn überreden und sollst's ausrichten; gehe aus und tue also! Hier veranlaßt Gott also einen Geist, vierhundert Propheten Ahabs zu betören durch die trügerische Verheißung: Gott wird Ramoth in des Königs Hand geben. Wenn ein Mensch so handelte, würden wir es nicht als schändlich verurteilen? So wird auch 2. Thess. 2:11 von Gott gesagt: „Er wird ihnen kräftige Irrtümer senden, daß sie glauben der Lüge." Und noch ein Beispiel. Das schlimmste Verbrechen, das jemals verübt worden ist, ist jedenfalls die Kreuzigung Christi, des heiligen Gottessohnes. Und was sagt Petrus in seiner Pfingstpredigt? „Das ist geschehen nach bedachtem Rat und Vorsehung Gottes" (Ap. 2:23) (Knoch: „nach dem festgesetzten Ratschluß und der Vorerkenntnis Gottes").

Es unterliegt nicht dem geringsten Zweifel: Nach der Schrift gebraucht Gott das Böse zur Erreichung Seiner Zwecke und Ziele. Warum sollte Er nicht auch das Böse in die Welt kommen lassen, den Eintritt der Sünde in die Welt verursacht haben? Eben dies sagt die Schrift von Gott. Röm. 11:36 bezeugt Paulus: „Von Ihm und durch Ihn und zu Ihm sind alle Dinge", nicht bloß die guten also, sondern auch die bösen. Jes. 45:6—7 spricht Gott: „Ich bin der Herr und keiner mehr, der Ich das Licht mache und schaffe die Finsternis, der Ich Frieden gebe und schaffe das Übel", wörtlich das Böse; das im Hebräischen stehende Wort ist der gebräuchliche Ausdruck für das sittlich Böse. „Ich bin der Herr, der solches alles tut." Es geht nicht an, einen zweiten Schöpfer an Gottes Seite zu setzen und dem Satan die Verantwortung für das Dasein des Bösen in der Welt zuzuschieben. Gott hat auch das Böse geschaffen, und wir können Ihm getrost die Verantwortung dafür überlassen.

Das hebräische Wort, das Luther hunderte von Malen mit „sündigen" übersetzt, gibt er an einer Stelle mit „fehlen" wieder. Richt. 20:16 ist von siebenhundert auserlesenen Männern aus dem Stamm Benjamin die Rede, „die linkshändig waren und konnten mit der Schleuder ein Haar treffen, daß sie nicht fehlten". Fehlen und sündigen ist im Grunde dasselbe.

Im innersten Wesen, im tiefsten Grunde ist die Sünde stets ein Verfehlen des Zieles. Röm. 3:23 sagt der Apostel von den Menschen: Alle haben gesündigt und ermangeln der Herrlichkeit Gottes, d. h. sie bleiben zurück hinter dem Standard, dem Normalmaß, das Gott bei der Erschaffung des Menschen im Auge hatte. Gewiß bedeuten zahllose Sünden etwas viel Schlimmeres als ein bloßes Zukurzkommen, aber diese Bestimmung der Sünde hat den Vorzug, daß sie das Wesentliche hervorhebt, das aller und jeder Sünde gemeinsam ist, ob wir nun an die gemeinsten und abscheulichsten Sünden denken oder an die Mängel, die sich auch bei den frömmsten und sittlich hochstehendsten Menschen noch finden. Immer ist es ein Zurückbleiben hinter Gottes hohem Standard.

Gott Selber hat das Ziel nicht verfehlt, indem Er den Satan eben als Satan schuf. Der Satan hat die Aufgabe erfüllt, die Gott ihm zugedacht, das ganze Weltall mit Sünde, mit Bösem zu durchdringen. Gott gebraucht es für Seinen Zweck. Gerade auf dem dunklen Hintergrunde der Sünde läßt Gott Seine Barmherzigkeit, Seine abgrundtiefe Liebe, den Reichtum Seiner Gnade in einer Weise aufleuchten, wie es sonst nicht möglich gewesen wäre. Für Seine Feinde gibt Gott Seinen Sohn in das furchtbarste Leiden und offenbart damit eine Liebe, die in Ewigkeit nicht überboten werden kann. Durch diese Liebe überwindet Er die Knechte der Sünde und bindet sie mit unzerreißbaren Ketten an den heiligen Gottessohn, Ihm zu leben, der für sie gestorben und auferstanden ist. Bei der Heilung des Blindgeborenen gibt der Herr auf die Frage der Jünger: „Wer hat gesündigt, dieser oder seine Eltern, daß er ist blindgeboren?" (Joh. 9:2–3) die seltsame Antwort: „Es hat weder dieser gesündigt noch seine Eltern, sondern daß die Werke Gottes offenbar würden an ihm." Mit anderen Worten: Jener Mann hat jahrzehntelang blind durch die Welt gehen müssen, damit Jesus das große Werk der Heilung eines Blindgeborenen vollbringen könnte. Wird der von Jesus geheilte und zum Glauben an den Sohn Gottes geführte Blindgeborene auch wohl mit Gott gehadert haben, daß Er ihn hat blind zur Welt kommen lassen? Ebensowenig wird auch nur ein einziger von denen, die unter dem Bösen in ihrem Leben das Schwerste haben leiden müssen, dann, wenn das Werk der Erlösung an ihm vollendet ist, daran denken, Gott einen Vorwurf daraus zu machen, daß Er das Böse in die Welt kommen ließ.

Es liegt uns selbstverständlich fern, mit dem Gesagten den Satan rein waschen zu wollen von seiner Schuld. Es wird bei ihm nicht anders sein als bei uns. Wir sind ohne eigenes Verschulden als Sünder eingesetzt (Röm. 5:19); wie wir aber um der Sünde willen, die wir hätten vermeiden können und doch mit Wissen und Willen getan haben, die Verdammnis verdienen, so hat der Satan schlimmste Sünden ohne Zahl begangen, die er nicht begehen mußte, und wird dafür gerichtet werden. Nach Offb. 20:1–3 wird er bei der Wiederkunft Christi gebunden und in den Abgrund verschlossen für tausend Jahre. Nachdem er für kurze Zeit wieder losgekommen ist und zum letzten Male die Menschheit zur Empörung gegen Christus aufgestachelt hat, wird er in den Feuersee geworfen, in dem sich schon der Antichrist und sein Prophet befinden. Für diese drei übermenschlichen Wesen bedeutet der Feuersee nicht ein zweites Sterben, vielmehr heißt es von ihnen: „Sie werden gequält werden Tag und Nacht in die Äonen der Äonen."

Für alle Wesen, die in Sünde gefallen sind, geht der Weg zur Seligkeit durch Gericht. Die Gläubigen werden im Erdenleben schon gerichtet durch das Kreuz Christi, durch das Wort und durch den Geist Gottes, durch allerlei Führungen und Leiden. Die Ungläubigen müssen in das Gericht vor dem großen weißen Thron. Der Satan wird in den Abgrund verschlossen und wird dann zu seinen Verbündeten in den Feuersee geworfen. Aber wie lange und schwer der Weg der Gerichte sein mag, das Ende der Wege Gottes ist Seligkeit und Herrlichkeit. Die Sünde mit all dem Leid, das sie nach sich zieht, hat nur beschränktes Existenzrecht in der Welt. Gott hat sie in die Welt kommen lassen für eine an der Ewigkeit gemessene ganz kurze Zeit – was wollen einige tausend Jahre besagen gegenüber unzähligen Milliarden von Jahren? Gott gebraucht die Sünde für Seine Zwecke, und wenn sie die erfüllt hat, wird sie für immer aus Gottes Schöpfung verschwunden sein. Es wird einmal heißen: Die Sünde ist nicht mehr, noch der Tod noch Leid noch Geschrei noch Schmerz; es ist alles neu geworden.

Die geltende Kirchenlehre

Ein letzter Einwand, der immer wieder gegen die Lehre von der Allaussöhnung erhoben wird, sei noch berücksichtigt: Sie stehe im Widerspruch mit der Lehre der Kirche. Wer davon überzeugt ist, daß die Bibel die Allaussöhnung lehrt, den wird das nicht irremachen. Luther hat auf dem Reichstag zu Worms gesagt: „Ich glaube weder dem Papst noch den Konzilien allein, dieweil am Tage liegt, daß sie öfter geirrt und sich selbst widersprochen haben." Können wir nicht mit demselben Recht sagen: Ich glaube weder der lutherischen noch der reformierten Kirche allein, dieweil am Tage liegt, daß sie öfter geirrt und sich selbst widersprochen haben? Der 17. Artikel der Augsburger Konfession lautet: „Von Christi Wiederkunft zum Gericht. (Absatz 1.) Auch wird gelehrt, daß unser Herr Jesus Christus am jüngsten Tag kommen wird zu richten, und alle Toten auferwecken, den Gläubigen und Auserwählten ewiges Leben und ewige Freude geben, die gottlosen Menschen aber und die Teufel in die Hölle und ewige Strafe verdammen. (Absatz 2.) Derhalben werden die Wiedertäufer verworfen, so lehren, daß die Teufel und verdammten Menschen nicht ewige Pein und Qual haben werden. (Absatz 3.) Item, hie werden verworfen etliche jüdische Lehren, die sich auch jetzund eräugen (sich zeigen, verbreiten), daß vor der Auferstehung der Toten eitel Heilige, Fromme ein weltlich Reich haben und alle

Gottlosen vertilgen werden." Wem glauben wir mehr, der Augsburger Konfession oder der Bibel?

Wir halten es mit Michael Hahn, wenn er schreibt: „Man weiß es wohl, daß Lehren wie die vom Tausendjährigen Reich, von der Wiederbringung aller Dinge, von einer Reinigung der Seele nach dem Tod dem Mißbrauch unterworfen sind; ist es aber die Lehre von der Versöhnung und Rechtfertigung nicht auch ebensowohl? Soll man sie darum weglassen? Ferner weiß man, daß laut der Konfessionen jene Lehren von den Stiftern und Emporbringern protestantischer Religionen verketzert und verworfen sind. Da sie es aber nicht sind von der Heiligen Schrift, ist man überzeugt, daß man sich mehr an diese als an jene zu kehren hat. Man verdankt jenen die Freiheit, das Wort Gottes zu lesen, und folgt dieser auch, indem man sich der Freiheit bedient, deren sich jene bedient haben. Nein, man ist nicht von einem Papsttum zu einem anderen übergegangen, man protestiert gegen jeden neuen, wie gegen das alte, und ob sich's noch so sehr verteidigen wollte!"

Daß auch die Reformatoren bei dem besten Willen, nur zu lehren, was mit der Heiligen Schrift übereinstimmt, sich vor schwerwiegenden Irrlehren nicht bewahrt haben, wollen wir an der Lehre von der Gnadenwahl, der sogenannten Prädestination, klarzumachen suchen. Luther, Calvin und Zwingli haben gelehrt, daß Gott von Ewigkeit her die einen zu ewiger Seligkeit, die anderen zu ewiger Verdammnis bestimmt habe. Es ist ein weitverbreiteter Irrtum, daß es sich hier nur um eine reformierte Sonderlehre handle, als deren Vertreter man besonders Calvin anführt, aber Luther hat sie vor Calvin und mit der gleichen Schärfe ausgesprochen. Nur soviel ist richtig, daß die lutherische Kirche schon bald anfing, diese Lehre abzuschwächen. Was sagt nun die Schrift? Eph. 1:5 schreibt Paulus: „Er (Gott) hat uns verordnet (vorher ausersehen) zum Sohnesstand für Sich Selbst durch Christus Jesus gemäß dem Wohlgefallen Seines Willens." Eph. 1:11–12 heißt es: „die wir zuvor verordnet sind nach dem Vorsatz Des, der alle Dinge wirkt nach dem Ratschluß Seines Willens, auf daß wir etwas seien zu Lob Seiner Herrlichkeit". In der Hauptstelle betr. die Prädestination sagt Paulus von denen, die nach dem Vorsatz berufen sind, Röm. 8:29–30: „Welche Er zuvorersehen hat, die hat Er auch verordnet, daß sie gleich sein sollten dem Ebenbild Seines Sohnes, auf daß derselbe der Erstgeborene sei unter vielen Brüdern. Welche Er aber verordnet hat, die hat Er auch gerecht gemacht; welche Er aber hat gerecht gemacht, die hat Er auch herrlich gemacht." Aber nirgends sagt die Schrift, daß Gott Menschen zu Verdammnis, zu endlosen Qualen bestimmt hat, wie die Reformatoren behaupten.

Nun sagt man freilich: Wenn Gott einen Teil der Menschheit zur Seligkeit bestimmt hat, so liegt darin selbstverständlich eingeschlossen, daß der andere Teil eben nicht zur Seligkeit bestimmt ist, also in die Verdammnis gehen muß. Aber diesem Schluß liegt ein Fehler zugrunde. Es ist eben nicht so, daß Gott nur einen begrenzten Teil der Menschheit zur Seligkeit vorausbestimmt hat, sondern Gott will, daß alle Menschen errettet werden (2. Tim. 2:4). Worauf der Vorsatz geht, wird uns deutlich Eph. 1:9–10 gesagt. Da ist die Rede von dem Geheimnis des Willens Gottes nach Seinem Wohlgefallen, **das Er sich vorgesetzt hatte** in Christus, „für eine Verwaltung der Vervollständigung der Fristen, aufzuhaupten das All in dem Christus, beides, das in den Himmeln und das auf der Erde" (nach der Übersetzung von Knoch). Der Vorsatz Gottes geht also dahin, alles was auf Erden und in den Himmeln ist, in Christus als Haupt zusammenzufassen. Diesen Vorsatz führt Gott im Rahmen eines groß angelegten Heilsplanes durch die verschiedenen Zeiten hindurch immer mehr dem Ziele zu, bis schließlich die Vollendung, das goldene Zeitalter für Himmel und Erde erreicht ist. In ähnlicher Weise spricht der Apostel in demselben Briefe, 3:8—11, von der Gnade, die gerade ihm gegeben sei, „den Nationen als Evangelium zu verkündigen den unausspürbaren Reichtum des Christus und zu erleuchten alle darüber, was da sei die Verwaltung des Geheimnisses, des was verborgen gewesen ist von den Äonen an in Gott, der das All erschafft, auf daß nun bekanntgemacht werde den Fürstlichkeiten und Obrigkeiten inmitten der Überhimmlischen durch die herausgerufene Gemeinde die mannigfaltige Weisheit Gottes, dem Vorsatz der Äonen gemäß (Luther: nach dem Vorsatz von der Welt her), den Er macht in Christus Jesus, unserem Herrn". Der Vorsatz der Äonen, so heißt der große, alles umfassende Ratschluß Gottes, weil er, vor den Äonen schon gefaßt, durch alle Äonen sich hindurchzieht, bis er im letzten Äon, dem des neuen Himmels und der neuen Erde, zur vollen Verwirklichung gelangt. Dieser Vorsatz geht nicht auf in der Erwählung Israels noch in der Vorherbestimmung der Gläubigen in Christus Jesus. Beides ist n a c h, ist g e m ä ß dem Vorsatz, in Übereinstimmung mit dem Vorsatz, aber es i s t nicht der Vorsatz.

Es ist tief bedauerlich, daß die meisten Schriftausleger noch immer meinen, die Errettung einer kleinen, beschränkten Zahl von Menschen sei der Vorsatz Gottes. Nein, der Vorsatz Gottes ist unendlich größer und herrlicher, er umfaßt das Weltenall! Aber er verwirklicht sich in der Weise, daß zunächst einmal eine Gemeinde von Auserwählten zum Glauben an Christus, zu Seligkeit und Herrlichkeit geführt wird, damit sie als Glieder des Körpers Christi, als Seine Organe tätig sind, das ganze All Gott zu unterwerfen. Nicht nur a n der Gemeinde, wie Luther nicht ganz genau übersetzt, sondern d u r c h sie soll den himmlischen Mächten die mannigfaltige Weisheit Gottes offenbar werden. Die Auserwählten werden gesegnet, damit sie ihrerseits den Nichterwählten zum Segen werden. Sie erlangen schon während der Äonen das Heil, das durch ihre Vermittlung den anderen nach den Äonen zuteil wird. So liegt in der Lehre von der Gnadenwahl nichts, was im geringsten mit der Heiligkeit, der Gerechtigkeit, der Liebe Gottes in Widerspruch stände. Nein, die Bibel sagt nichts und weiß nichts davon, daß Gott den größten Teil der Menschheit von vornherein von der Rettung ausgeschlossen habe, ihm damit den Glauben unmöglich gemacht habe und ihn für seinen Unglauben dann mit endloser Höllenqual bestrafe. Aber wie tröstlich, wie beseligend ist andererseits für die, die im Glauben an Christus ihres Heils gewiß geworden sind, der Gedanke, daß all ihr Heil in Gottes Gnade ruht, daß Er, der sie erwählt vor dem Niederwurf der Welt, der sie das Evangelium von Christus hören ließ und sie zu dem Sohn hingezogen, der sie gerecht gemacht, Seine Gnade nicht werde von ihnen weichen lassen, bis Er sie auch herrlich gemacht. Wahrlich, gut, gerecht und heilig sind alle Seine Wege. „Von Ihm und durch Ihn und zu Ihm sind alle Dinge." Ihm sei Ehre für die Äonen!

Manche Lutheraner und Reformierte sind sich heute darüber einig, daß die Reformatoren in der Prädestinationsfrage zu weit gegangen sind und den Schriftboden verlassen haben. Unseres Erachtens gibt es überhaupt keine Lösung all der Schwierigkeiten, die diese Frage in sich schließt, als nur vom Standpunkte der Allaussöhnung aus. Steht uns fest, daß die Schrift diese lehrt, so wird alles klar, und wir können nicht anders als uns mit der Schrift gegen die Kirchenlehre entscheiden. Im übrigen ist es durchaus nicht so, als ob die alte Kirche auch nur einigermaßen einig gewesen wäre in der Verwerfung der Lehre von der Allaussöhnung. Origenes (ca. 183 bis 252), der zwar nicht der erste, aber der bekannteste Vertreter dieser Lehre ist, schreibt in seinem Kommentar zum Briefe an die Römer – wir geben die deutsche Übersetzung nach A. Jukes, Der Zweite Tod –: „Der, welcher die Reinigung durch das Wort Gottes und die Lehre des Evangeliums verachtet, bewahrt sich selbst nur für spätere schreckliche Strafreinigungen; damit also das höllische Feuer mit seinen Qualen den reinigen möge, welchen weder apostolische Lehre noch die Predigt des Evangeliums gereinigt hat, gemäß dem was geschrieben steht über die Reinigung durchs Feuer. Wie lange aber die Reinigung, die durch das strafende Feuer gewirkt wird, dauert oder in wie vielen Perioden oder Zeitaltern es die Sünder quälen soll, das kann nur der wissen, welchem der Vater alles Gericht übergeben hat ... Doch müssen wir auch beherzigen, daß der Apostel diese Stelle als ein Geheimnis behandelt wissen wollte, daß also die Gläubigen und Vollkommenen ihr Verständnis derselben als ein Geheimnis Gottes schweigend bei sich bewahren und nicht dasselbe überall verbreiten sollen unter die Unvollkommenen und diejenigen, welche weniger fähig sind, es zu fassen." In einer anderen Schrift leugnet Origenes nicht, daß die Lehre den Unbekehrten gefährlich werden könne. Gelegentlich spricht er sich sogar dahin aus: „Viele weise oder für weise gehaltene Männer haben, nachdem sie die Wahrheit kennenlernten und die Täuschung verwarfen bezüglich der göttlichen Strafen, sich einem lasterhaften Leben ergeben, während es doch viel besser für sie gewesen wäre, wie sie einst taten, an den nie sterbenden Wurm zu glauben und an das Feuer, welches nicht verlischt." Derartige Erwägungen mögen mit veranlaßt haben, daß in den öffentlichen Schriften der älteren Kirchenväter nichts mehr über die Allaussöhnung zu finden ist. Daß der Kaiser Justinian es nicht durchsetzen konnte, daß diese ihm so anstößige Lehre des Origenes von einem Konzil verdammt wurde, haben wir vorher schon erwähnt. Erst im Jahre 696 hat ein Konzil in Konstantinopel sie erstmalig als „trunkene Phantasie" verurteilt.

Die Kirchenväter

Die Behauptung aber, die Lehre von den endlosen Höllenqualen sei von jeher Gemeingut der rechtgläubigen Kirche in ihrer Gesamtheit gewesen, von der nur einzelne, auch sonst in allerlei Irrtümer verstrickte Sektierer wie Origenes abgewichen seien, läßt sich nicht aufrechterhalten. Sie wird widerlegt durch die Schriften einer ganzen Reihe der alten griechischen Kirchenväter. Wir führen zunächst ein Wort Gregors von Nazianz (330–390), Bischofs von Konstantinopel, an. Er schreibt: „Ich weiß, daß es noch ein anderes Feuer gibt, nicht zum Reinigen, sondern zum Strafen; entweder ist es von der Art wie das, welches Sodom zerstörte . . . oder wie das, welches dem Teufel bereitet ist . . . oder wie das, welches dem Angesicht des Herrn vorhergeht und welches, furchtbarer als alle anderen, verbunden ist mit dem Wurm, der nicht stirbt, sondern für die Verlorenen ewiglich währt (oder durch die Zeitalter). Alle diese Arten des Feuers sind ihrem Wesen nach zerstörend. Doch selbst hier steht es besser in Übereinstimmung mit Gottes Liebe zu dem Menschen und ist Seiner, des Strafenden, würdiger, wenn man es ansieht als aus Liebe getan."

Sehr bestimmt und deutlich spricht sich Gregor, Bischof von Nyssa, ein Freund des Vorgenannten, in seinem Dialog über die Seele und Auferstehung aus: „Es muß das Böse endlich und vollkommen aus dem Kreise des Seins verschwinden . . . denn soweit es nicht im Wesen des Bösen liegt, da zu sein ohne den Willen, so wird, wenn jeder Wille einst in Gott ruht, das Böse vollkommen ausgerottet werden, weil ihm kein Raum gelassen sein wird." In seinen Katechetischen Reden spricht er von Christus als von „einem, welcher sowohl den Menschen vom Bösen befreit als auch denjenigen, welcher das Böse erfunden hat, heilt". Und wiederum schreibt er: „Alle Strafen sind Reinigungsmittel, von der göttlichen Liebe bestimmt, um vernünftige Wesen von sittlich Bösem zu reinigen und sie wiederherzustellen für jene Gemeinschaft mit Gott, die ihrem Wesen entspricht. Gott würde die Existenz des Bösen nicht zugelassen haben, wenn Er nicht vorher gewußt hätte, daß durch die Erlösung alle vernünftigen Wesen endlich gemäß ihrer Bestimmung zu der gleichen gesegneten Gemeinschaft mit Ihm kommen würden."

Die angeführten Aussprüche der beiden Gregore wiegen um so schwerer, als es sich um Männer handelt, die in der alten Kirche das höchste Ansehen genossen. Der erstere führte bei dem zweiten ökumenischen Konzil den Vorsitz, und der letztere stand auch noch lange nach seinem Tode in solchem Ansehen, daß von ihm sowohl bei dem fünften als auch bei dem siebenten ökumenischen Konzil als von einer der höchsten Autoritäten der Kirche berichtet wird – ein Beweis dafür, welchen Wert die oft aufgestellte Behauptung hat, daß die Lehre von der Allaussöhnung Ketzerei sei. Bezeichnend ist auch, daß Augustin, der große Vorkämpfer für die Endlosigkeit der Höllenstrafen, in einer seiner Schriften Bezug nimmt auf die große Zahl derjenigen, die, obwohl sie nicht die Heilige Schrift leugnen, „doch nicht an die endlosen Strafen glauben".

Schon die angeführten Aussprüche genügen wohl, um darzutun, daß nicht ohne guten Grund Gieseler in seiner Kirchengeschichte schreibt: „Die Meinung, daß allen vernünftigen Wesen unzerstörbar die Fähigkeit der Wiederherstellung innewohne und daß die Höllenqualen ein Ende nehmen würden, war so allgemein, selbst im Westen, und so weit unter den Gegnern des Origenes verbreitet, daß sie, obwohl sie ohne den Einfluß seiner Schuld wohl nicht entstanden wäre, doch ganz von ihr unabhängig geworden war. Es ist meine Überzeugung, gestützt auf einige Bekanntschaft mit den Kirchenvätern, daß viele derselben die Lehre von der allgemeinen Wiederbringung glaubten und dabei doch in ihrer öffentlichen Lehre ausdrücklich von endlosen Strafen redeten."

„Es war erst zur Zeit Augustins", wie ein englischer Gelehrter Pridgeon, schreibt, „daß römisch-lateinische Gedanken vorherrschend wurden. Es gehörte der Geist und Einfluß eines

Reiches voller Militarismus und kalter Gesetzlichkeit dazu, der Lehre von der endlosen Qual irgendwelche hervortretende Stellung zu geben."

Nach der Zeit Augustins (354—430) und teilweise auf Grund seines großen Ansehens, mehr aber wohl auf Grund der allgemeinen Unwissenheit im Griechischen und Hebräischen, die sich jahrhundertelang in der westlichen Kirche findet und es den Menschen unmöglich machte, die Schrift in den Grundsprachen zu lesen, wurde die Lehre von der Allaussöhnung im Westen so gut wie zum Stillschweigen gebracht bis zum Wiederaufleben der Bildung im 16. Jahrhundert.

Neuere Theologen

In neuerer Zeit haben eine ganze Anzahl hervorragender deutscher Gottesmänner sich für die Lehre der Allaussöhnung ausgesprochen. Wir nennen außer dem schon angeführten Prälaten Bengel (gest. 1751) den ebenfalls württembergischen Prälaten Oetinger (gest. 1782), den Pfarrer Oberlin im Steintal im Elsaß (gest. 1826), den Professor der Theologie Aug. Tholuck (gest. 1877) und den Stuttgarter Stiftsprediger Kapff (gest. 1879). In einer Predigt über Hes. 16:53—55 sagt derselbe folgendes: „Gefangene Sodoms können nichts anderes sein als die in den Gefängnissen der Ewigkeit gebundenen Seelen. Diesen wird hier verheißen, daß sie wiedergebracht, erlöst und erneuert werden sollen. Ebenso verheißt der Herr Jer. 48:47 und 49:39, Er wolle die Gefangenen Moabs und Elams wiederbringen in der letzten Zeit, d. h. in der Vollendung der messianischen Zeit. Diese wunderbaren Verheißungen von Begnadigung und Bekehrung der Verdammten aus Heidenvölkern, die sonst mit dem Fluch belegt wurden, diese Worte der ewigen Liebe sind uns ein herrlicher Hoffnungsgrund, daß Gott überhaupt das Verlorene wiederherstellen wolle. Dafür zeugen noch andere

Stellen, bald mehr die Erde, bald zugleich die Ewigkeit umfassend. Nach Psalm 110:3 sollen die Kinder Gottes geboren werden wie der Tau aus der Morgenröte, und dem Herrn, dem Gesalbten Gottes, müssen noch alle Seine Feinde zum Schemel Seiner Füße gelegt werden. Nach Psalm 22:28 sollen aller Welt Enden sich zum Herrn bekehren und vor Ihm anbeten alle Geschlechter der Heiden, und nach Jes. 25:7–8 soll die Hülle weggetan werden, damit alle Völker verhüllt sind, und die Decke, damit alle Heiden zugedeckt sind, und der Herr wird den Tod verschlingen ewiglich und wird die Tränen abwischen von allen Angesichtern, daß nach Kap. 52:10 aller Welt Enden sehen das Heil unseres Gottes. Denn der Herr hat verheißen, Joel 2, Seinen Geist auszugießen über alles Fleisch, bis es dahin gekommen ist, daß wie in Adam alle gestorben, so in Christo alle lebendig gemacht sind. Ja, auch der letzte Feind, der andere Tod selbst, soll aufgehoben werden, bis daß Gott ist alles in allen (1. Kor. 15:22–28). Wie wird es einst gehen mit so vielen Seelen? Was wird aus unseren Kindern werden, wenn wir nicht mehr da sind? Wie werden sie durchkommen durch die Versuchungen einer Welt, die im Argen liegt, in der Satan wie ein brüllender Löwe sucht, welchen er verschlinge, und wo der größte Feind, den sie in sich haben, das Fleisch, sie täglich auf schlüpfrige Wege führen wird? Werden da ihre Wege zum Himmel oder zur Hölle gehen? In der Ewigkeit werden wir erkennen, wovon wir jetzt nur das wenigste erkennen, daß Gott die Liebe ist. Auf der neuen Erde wird nirgends mehr Tod, nirgends ein Leid, Geschrei oder Schmerz sein, da werden wir sehen, daß alle Gerichte, auch die schwersten und schmerzlichsten, lauter Liebe waren und daß Strafgerichte nur der Schmelztiegel sein sollten, in denen die ewige Liebe das Gold, das allein in das himmlische Heiligtum taugt, ausschmelzen und läutern wollte. Da wird das ganze Schöpfungsall in seliger Harmonie den großen Lobpsalm Davids (145) anstimmen: Der Herr ist **allen** gütig und erbarmt sich **aller** Seiner

Werke; es sollen Dir danken, Herr, alle Deine Werke und alle Deine Heiligen Dich loben und die Ehre Deines Königreiches rühmen."

Auch einem Juristen sei in dieser Sache noch das Wort gegeben. Der klardenkende, tiefchristliche Berner Professor Hilty (gest. 1909), der wie wenige in der Bibel zu Hause war und durch seine Schriften, besonders die drei Bände „Glück", gewiß vielen ein Führer zu Christus und Gott geworden ist, schreibt in seinem Büchlein „Ewiges Leben": „Die Idee, daß eine Seele wegen ihres schlechten Verhaltens während der doch nur so kurzen irdischen Periode ihres gesamten Daseins auf ewig und unwiderruflich mit Verdammnis bestraft werde, ist eine Abscheulichkeit (und wäre selbst für ein irdisches Strafrecht eine unverhältnismäßige Übertreibung der Strafgewalt), die nur im Gehirn rachsüchtiger Theologen entstehen konnte, welche einen Gott nach i h r e m Bilde schufen."

Erwähnt sei noch, daß nach dem Büchlein von Fr. Baun „Joh. Michael Hahn" (Stuttgart 1906) die Anhänger dieses Gottesmannes, die Michelianer, wie man sie oft nennt, in zahlreichen Gemeinschaften weiterleben, die in manchen Stücken noch das charakteristische Gepräge ihres Meisters tragen, so vor allem die praktischen Züge einer ernsten Selbst- und Weltverleugnung und das eifrige „Jagen nach der Heiligung". Im ganzen zählt man, wie Baun schreibt, jetzt in Württemberg deren ca. 370, in Baden 70, zusammen ca. 440 Mitglieder. Sie haben sich nie von der Kirche getrennt, gehören vielmehr zu ihren treuen Gliedern. Von den Hahnschen Gemeinschaften aus ist der Glaube an die Allaussöhnung in der württembergischen Kirche weit verbreitet.

Die Gegner wissen nicht genug zu sagen von den schädlichen und verderblichen Wirkungen der Lehre von der Allaussöhnung. Wir haben demgegenüber gelegentlich schon auf eine schlimme Wirkung der Lehre von den endlosen Höllenqualen hingewiesen, daß nämlich zahllose denkende Menschen von dem Bilde eines so grausamen und ungerechten Gottes, wie es jener Lehre zugrunde liegt, von vornherein und mit Recht sich abgestoßen fühlen. Wir wollen aber dieser Materie noch eine gründlichere Untersuchung widmen, die wir überschreiben

VII.

Fluch und Segen einander entgegenstehender Lehren

Harte Lehren erzeugen harte Menschen

Im 18. Psalm Vers 26—27 spricht der Sänger zu Gott: „Bei den Heiligen bist Du heilig und bei den Frommen bist Du fromm, bei den Reinen bist Du rein und bei den Verkehrten bist Du verkehrt." Wie jemand ist, so ist sein Gott. Unsere Erkenntnisse entsprechen niemals der Wirklichkeit an sich, sondern hängen auch immer von uns ab. Nicht Gott, nicht das Evangelium ist schlecht; sondern weil w i r schlecht sind, sehen wir es im schlechten Licht. Unsere Urteile und Meinungen richten nicht die Dinge, sondern offenbaren unsere eigene Art und richten uns. Das Verhalten Gottes zum Menschen ist das Spiegelbild des Verhältnisses, in welches sich der Mensch zu ihm setzt (Delitzsch). Andererseits: Wie sich ein Mensch Gott denkt, so wird er selber. Die Vorstellungen, die wir von Gott haben, wirken auf uns selbst zurück. Der Glaube an einen unbarmherzigen, harten, grausamen Gott macht auch die Menschen unbarmherzig und grausam.

Grausame Prediger und Kirchenlehrer

Maclaren berichtet in seinen schottischen Erzählungen von einem hochbegabten Jungen in Drumtochty, den seine Eltern Theologie studieren lassen, aber todkrank kommt er von der Universität zurück. Eine Frömmlerin, die zu einem Krankenbesuche kommt, eine die zu der Klasse der „leidigen Tröster" gehört, von denen Hiob 16:2 die Rede ist, kann nicht verschweigen, daß die Krankheit als ein Gericht Gottes anzusehen sei dafür, daß die Eltern den Jungen, den einzigen Sohn, zu ihrem Abgott gemacht hätten. Das ist zuviel für die Mutter. Im Dorfe war man der Ansicht, daß ungewöhnliches Glück den Neid der höheren Mächte errege und daß es klug sei, wenn man seine Kinder heruntersetze. Die Mutter aber sagt der Besuchenden, Gott sei kein neidischer, mißgünstiger Mensch. Wenn er sieht, daß eine Mutter ihren Sohn liebhat, das freut Ihn in Seinem Himmel droben; Er hat ja auch Seinen eigenen Sohn lieb. Sie weiß wohl, daß ihr Sohn sterben wird, aber nicht, weil der Herrgott ihn ihr nicht gönnt; es ist eine Prüfung, sagt sie; sie traut Gott bloß Gutes zu. Sie geht dann in den Garten, wo der Sohn über seinen Büchern sitzt. Sie wirft einen Blick auf das offene Fenster: „Ach, das hab' ich nicht gewußt." „Tut nichts, Mutter, wir haben keine Geheimnisse voreinander, und 's hat mich so gefreut, daß du für den lieben Gott gesprochen hast, und ich weiß, 's ist dir recht, wie Er's fügt. Weißt du noch, Mutter, die Nacht, wo ich dir gerufen habe, und du hast mir's Evangelium vom lieben Gott gesagt?" Und nun erzählt er einem Besucher, der bei ihm ist, wie einst ein Prediger im Dorfe war und über die Hölle predigte. „Es war dunkel, und man zündete ein Licht an. Ich kann sein hartes, strenges Gesicht noch wie heut vor mir sehen. Er sah uns kleine Buben in der vorderen Reihe an und fragte uns, ob wir wüßten, was die Hölle sei. Wir waren alle schon so in Angst, daß keiner reden konnte, aber ich flüsterte: ,nein'. – Dann wickelte er ein Stück Papier zusammen und hielt es über das Licht, und wir sahen es brennen und glühen, zusammenschrumpfen und in Staub zerfallen. ,Denkt', sagte er – und er lehnte sich über das Pult und sprach in einem unheimlichen Flüsterton, daß es uns kalt überlief, – ,daß das Papier euer Finger wäre, nur ein Finger der Hand, und er brennte in alle Ewigkeit, und denkt, daß eure Hand und euer Arm und euer ganzer Leib brennte und niemals ausginge'. – Wir zitterten so, daß die Bank krachte. – ‚Das ist die Hölle, und jeder Junge kommt dahin, wenn er nicht Buße tut und glaubt.' Ich wagte nicht, meine Augen von ihm abzuwenden. Er blies das Licht aus, und wir schlichen zitternd und vor Schrecken stumm zur Tür hinaus. In der Nacht konnte ich nicht schlafen, denn ich fürchtete, ich könnte schon vor Tag im Feuer sein . . . Ich war noch ein kleines Bürschchen und ich tat, was wir alle in der Not tun, ich rief nach der Mutter." „Mutter, du hast doch nicht vergessen, wie ich damals in Angst war." „Das kann ich nie vergessen", sagte diese, „ich muß mir Mühe geben, daß ich den Menschen nicht hasse. Der Georg packte mich mit seinen Ärmchen um den Hals und schrie immer wieder: ‚Ist das dort Gott?'" „Ja, Mutter, und du gabst mir einen Kuß – 's ist mir, als wär's erst gestern – und du sagtest: ‚du bist ganz sicher bei mir' und dann sagtest du, der liebe Gott könnt' mich wohl strafen, damit ich gut werd', aber er tät keinen armen Menschen quälen, denn dabei käm nichts Gutes heraus, das sei des Teufels Werk. Und dann fragtest du mich: ‚Gelt du glaubst, daß ich dich lieb hab?' Und wie ich dich ganz fest hielt, sagtest du: ‚Und der liebe Gott hat dich noch viel, viel lieber.' Da sah ich auf einmal klar und hell die Wahrheit; ich kroch unter meine Decke und schlief ein in Seiner Liebe wie in meiner Mutter Armen." „Mutter", und Georg sah auf zu ihr, „das war meine Bekehrung, und die ganze Zeit, solang ich Student war, habe ich mich gefreut auf den Tag, da mein Mund dies Evangelium predigen dürfe."

Wir brauchen dem nichts hinzuzufügen; die Geschichte spricht für sich selber. Gewiß sind die schottischen Erzählungen „Dichtung und Wahrheit", aber jeder Leser hat wohl den Eindruck, daß hier wirklich Erlebtes geschildert wird und wird sich nicht über das harte, strenge Gesicht jenes Predigers wundern. Ein anderer Anhänger der ewigen Höllenstrafen aus neuerer Zeit lehrt: „Sünder erstehen in einem asbestähnlichen

Körper, also unverbrennbar, und jeder Nerv ist ein Pfad, durch den unermeßlicher, unaufhörlicher Schmerz zuckt, und dies Tag und Nacht und in Ewigkeiten." Was für Vorstellungen von Gott muß ein Mensch haben, der derartiges schreiben kann! Wieviel mag in diesen Stücken schon gesündigt worden sein! Und es sind nicht nur kleine Geister, nein, auch Männer, deren Namen hell am Kirchenhimmel leuchten, die sich anscheinend einbilden, durch die Höllenqualen anderer einst ihre eigene Seligkeit zu erhöhen.

Der Kirchenvater Augustinus wird nicht erschüttert und entsetzt sich nicht bei dem Gedanken, daß kleine Kinder, die ungetauft aus dem Leben scheiden, der Verdammnis anheimfallen, wenn auch der allermindesten. Er wiederholt dies immer wieder mit der Versicherung, daß die Bestreiter dieser Lehre in grobem Irrtum befangen seien.

Petrus Lombardus, ein hervorragender Theologe der alten Kirche (gest. 1164), schreibt, die Auserwählten seien, während sie die unaussprechlichen Leiden der Gottlosen sähen, darüber nicht traurig, sondern würden vielmehr bei dem Anblick mit Freude erfüllt und Gott für ihre eigene Rettung danken.

Ähnlich äußert sich auch Thomas von Aquino, vielleicht der bedeutendste Theologe des Mittelalters (gest. 1274): „Der Segen der Heiligen sei ihnen deshalb um so herrlicher, und ihre Danksagung gegen Gott sei um so reichlicher, weil ihnen gestattet sei, die Strafe der Gottlosen zu sehen."

Wir können nur aufs tiefste bedauern, daß auch ein Luther in der Schrift vom unfreien Willen sich äußert, „es sei der höchste Grad des Glaubens, zu glauben, daß Gott gnädig ist, der so wenige errettet und so viele verdammt, zu glauben, daß der gerecht ist, der nach seinem Willen macht, daß wir notwendigerweise verdammungswürdig sind". Wir müssen A. Jukes zustimmen, der in seinem Buche „Der zweite Tod" schreibt: „Wenn ich daran denke, daß solche Männer solche Worte geredet haben und ihre Worte von Christen gebilligt worden sind, dann kann ich nur niederfallen und beten, daß doch solche Nacht niemals wiederkehre und daß der Herr sie da, wo sie jetzt noch in Menschenherzen herrscht, vertreiben möchte."

Die Reformatoren haben, wie schon erwähnt, alle miteinander die ewigen Höllenstrafen gelehrt. Ob damit nicht auch ihre unmenschliche Grausamkeit in der Verfolgung derer, die in irgendeinem Punkte anderer Überzeugung waren, zusammenhängt? Luther hat wohl in der ersten Zeit seines reformatorischen Wirkens noch die Sätze verfochten: „Ketzer verbrennen ist wider den Willen des heiligen Geistes"; „Gottes Wort soll hie streiten, wenn's das nicht ausrichtet, so wird's wohl unausgericht bleiben von weltlicher Gewalt, ob sie gleich die Welt mit Blut füllt." Als aber eine Verfügung des Speyerer Reichstages vom Jahre 1527 bestimmte, daß die Anhänger der Wiedertäuferbewegung – es handelt sich hier nicht um Schwarmgeister wie in Münster, sondern um stille, fromme Leute, die auf Grund der Schrift, auf die sie gerade durch Luther hingewiesen waren, die Kindertaufe verwarfen – „ohne vorhergehende der geistlichen Richter Inquisition" zum Tode durch Feuer und Schwert verurteilt werden sollten, haben Luther und Melanchthon dieser jedem Rechtsbewußtsein hohnsprechenden Verordnung ausdrücklich zugestimmt.

Zwingli, der selbst aus der Täuferbewegung hervorgegangen ist, hat sich später aus nicht eben geistlichen Gründen gegen sie gestellt und sich zu dem Wort hinreißen lassen: „Einen Wiedertäufer sollst du hin und wieder taufen, bis er ertrunken ist." Tausende und aber Tausende wurden damals in Deutschland und in der Schweiz grausam zu Tode gebracht.

Calvin ist auf keine Weise rein zu waschen von der Schuld an dem Tode Michael Servets, der 1553 in Genf verbrannt wurde, hauptsächlich weil er bestritt, daß der heilige Geist eine Person sei. Dabei sagt dies die Heilige Schrift mit keinem einzigen Worte. Es ist auch irrig, aus den Tätigkeiten, die dem hl. Geist zugeschrieben werden – sprechen, lehren, erinnern, zeugen, beten usw. – den Schluß zu ziehen, er sei eine Persönlichkeit neben Gott und Christus. Nein, diese Tätigkeiten kann er ausüben, weil er eben der persönliche Geist Gottes und Christi ist. In derselben Weise betätigt sich ja auch der Menschengeist, und doch fällt es keinem von uns ein zu behaupten: Mein Geist ist eine Persönlichkeit neben mir. Wäre es anders, so müßte nach Luk. 1:35 Jesus nicht der Sohn Gottes, sondern der Sohn des hl. Geistes genannt werden. Die christliche Kirche hätte besser daran getan, anstatt das Dogma von den drei Personen der Gottheit zu treiben, ihren Gliedern die Frage des Apostels Paulus an die zwölf Ephesusjünger in Herz und Gewissen zu schieben (Apg. 19:2): „Habt ihr den hl. Geist empfangen, da ihr gläubig wurdet?" Das mit „Geist" übersetzte Wort des Urtextes bedeutet im Hebräischen wie im Griechischen auch Wind, Hauch; den heiligen Geist kann man vielleicht als den innersten Lebensodem Gottes bezeichnen.

Die Liebe erwartet alles

Unsere Begriffe von Gott wirken auf uns selbst zurück. Das gilt auch nach der anderen Seite hin. Ist uns die Sonne der Liebe Gottes im Angesichte Jesu Christi aufgegangen, so strahlt auch etwas von Seiner Freundlichkeit auf uns zurück. Darum schreibt Paulus 2. Kor. 3:18: „Wir alle aber, mit enthülltem Angesicht, als wie in einem Spiegel die Herrlichkeit des Herrn betrachtend, werden umgestaltet in dasselbe Bild von Herrlichkeit zu Herrlichkeit, gleichwie von dem Herrn, dem Geist." So heißt es auch 1. Joh. 3:2: „Es ward noch nicht offenbar, was wir sein werden. Wir wissen aber, daß wir, so ER (Christus) offenbar wird, Ihm gleich sein werden, da wir Ihn sehen werden, so wie Er ist." Daß wir Ihn so sehen, das wird uns völlig in Sein Bild umgestalten. Und was ist das für ein Bild? Die Evangelien lassen es uns sehen. Sie zeichnen uns den Heiland, der gekommen ist, Sünder zu retten; den des Volkes jammerte, weil sie wie Schafe waren, die geschunden und herumgestoßen werden; der Sich dem Hirten vergleicht, der die neunundneunzig Schafe in der Wüste läßt und geht dem einen verlorenen Schafe nach, bis Er es finde, und der Sich über das eine gefundene mehr freut als über die neunundneunzig, die nicht verirrt waren; der (Mark. 3:5) Seine Gegner zornig anblitzt und dann doch betrübt ist über ihr verstocktes Herz; der Jerusalem das kommende Gericht ansagt und doch Tränen vergießt über das furchtbare Geschick, dem die Stadt entgegengeht; der in den Kreuzesqualen noch für Seine Feinde betet.

Paulus zeichnet uns Jesu Bild, wenn er 1. Kor. 13:7 von der Liebe sagt: „sie verträgt alles, sie glaubt alles, sie hofft alles, sie duldet alles: die Liebe höret nimmer auf". Wird dieser Jesus ein anderer sein, als Er in Seinem Erdenleben war, wenn Er in Seiner Herrlichkeit als Weltenrichter auf dem Throne sitzt? Können wir uns vorstellen, daß Er Milliarden von Menschen, für die Er einst in heißem Drange, sie alle zu retten, Sein Blut vergossen hat, zu endloser Pein verurteilt und Sich gar noch an ihren Qualen weidet? Nie und nimmer: Jesus Christus gestern und heute und derselbe auch in Ewigkeit.

Gewiß, als Weltenrichter kann der Herr nicht Sünden vergeben und Sünder begnadigen. Hier ist die gegebene Gelegenheit, da auch der Vertreter der Lehre von der Allaussöhnung den ganzen Ernst der göttlichen Gerechtigkeit betonen kann und muß. Hier ist es am Platze, hinzuweisen auf den Christus, der Augen hat wie Feuerflammen. Er wird ans Licht bringen, was im Finstern verborgen war, und den Rat der Herzen offenbaren. Da wird es mancher mit Entsetzen innewerden, daß nicht umsonst geschrieben steht, Jak. 2:13: „Es wird ein unbarmherzig Gericht ergehen über den, der nicht Barmherzigkeit getan hat", und wiederum, Hebr. 10:31: „Schrecklich ist's, in die Hände des lebendigen Gottes zu fallen." Aber was den göttlichen Richter leitet in Seinem Urteilen und Verurteilen, das ist niemals Haß oder Rachsucht. Ihm ist's nicht darum zu tun, zwecklos Qual zu verhängen, sondern auch die härtesten Strafen werden nur das Ziel verfolgen, den Sünder zurechtzubringen, und werden diesem Ziele angepaßt sein, und da wird keiner sein, bei dem Er dieses Ziel nicht erreicht. Der heilige Ernst des Richters, Seine Gerechtigkeit, Seine Weisheit, aber auch was sie eben vor dem großen weißen Thron wahrnehmen von dem Reichtum Seiner Güte und Liebe, wird sie alle überwinden und reif machen, nach Abschluß des Gerichtes in der Aufhebung des zweiten Todes der Gnade Gottes in Christus teilhaftig zu werden.

So schreibt auch Michael Hahn, daß Jesus als Universalherrscher zur Wiederbringung aller Dinge die Gerichtsbarkeit über alles Fleisch, d. h. die Macht besitze, durch planmäßige Ausführung der göttlichen Gerichte und Gerechtigkeitswege alle inneren und äußeren Widerstände zu brechen und alles zu Gott zu führen in der Kraft Seines Blutes und Geistes. „Dem Sohn hat der Vater Macht gegeben über alles Fleisch, solches zu richten drei-, vier-, ja vielfach, bis Er Geist darein säen und Geist herausbringen kann . . . Gott hat alles unter das Gericht beschlossen um des Unglaubens willen und lässet also die Kreatur um des Unglaubens willen unter dem Gericht Seiner Gerechtigkeit so lange liegen und schmachten, bis sie anfangt zu glauben und sich nach Seiner Barmherzigkeit zu sehnen; alsdann fangt Er an, Sich ihrer zu erbarmen, und Sein Erbarmen wird sich endlich über Gerechtigkeit und Gericht rühmen. Und diese Weise wird Gott mit allen Seinen gefallenen Kreaturen halten, auf daß Er sich aller erbarme. Er wird es mit allen dahin bringen, daß sie Sein Erbarmen begehren und nach demselben begierig werden und Er es also anbringen kann. Denn Er hat nichts zum Verderben geschaffen, wie manche behaupten, sondern alles zum Licht und Leben . . . Alle Gerichte Gottes, auch der andere Tod, sind dazu eingerichtet und abzweckend, den Menschen zu sich selber zu bringen, daß er sich endlich in das Erbarmen Gottes einversenkt."

Es ist unmöglich, daß solche Vorstellungen von der Barmherzigkeit Gottes nicht auf unser Verhalten gegenüber unseren Mitmenschen zurückwirken sollten. Für ihre eigene Person bezeugt das u. a. Amalie Sieveking (1794–1859), das Urbild evangelischer weiblicher Diakonie, noch bevor Th. Fliedner sein Diakonissenhaus gründete. Nachdem sie während der Choleraepidemie in Hamburg 1831 im Cholerahospital die Pflege der Kranken besorgt hatte, verwirklichte sie im folgenden Jahre einen lange gehegten Lieblingsgedanken und gründete einen trefflich organisierten weiblichen Verein für Armen- und Krankenpflege, der an vielen Orten ähnliche Vereine hervorrief und ein höchst segensreiches Organ für innere Mission geworden ist. In den Denkwürdigkeiten aus ihrem Leben, von einer Freundin herausgegeben, finden wir folgendes Bekenntnis: „Ich habe den festen Glauben, daß die ewige Liebe alle die Irrenden, welche abgewichen sind von der Wahrheit, endlich doch von ihren Irrpfaden heimholen und wieder auf den rechten Weg leiten werde. Das ganze Christenleben ist ja ein stetes W e r d e n. Hat der heilige Geist mitten in der finsteren Nacht der Zweifel das Morgenrot des Glaubens aufgehen lassen, hat er in meinem von Selbstsucht erstarrten Gemüte den Funken der Gottesliebe anzufachen gewußt, warum sollte er nicht auch den Glauben und die Liebe, Licht und Wärme bei anderen hervorrufen können? Wie manche arme Seele trägt in sich den Keim des Göttlichen, ohne sich dessen recht bewußt zu sein; sie weiß ihn nicht zu pflegen und großzuziehen, und so verkommt er in der Gewohnheit des Alltagslebens, dem sie dahingegeben. Bedürfnis ist es mir, eine nach dem Tode fortgehende Erziehung des Menschen anzunehmen. Ja, mein Glaube führt mich hier noch weiter; er gibt die freudige, zuversichtliche Hoffnung, daß der große Erzieher droben nicht eher Seine Hand von Seinem Werke abziehen werde, als bis es vollendet, als bis das ganze Menschengeschlecht Ihm dargestellt sei als e i n e herrliche Gemeinde, die nicht habe einen Flekken oder Runzel oder des etwas, sondern die das heilig sei und unsträflich. Ja, über die Schranken unseres Geschlechtes noch hinaus erstreckt sich mein kühnes Hoffen; die gefallenen Geister selbst schließt es mit ein, im festen Glauben haltend an das Wort, daß Gott dereinst sein werde a l l e s i n a l l e n (1. Kor. 15:28). Mag dieses immerhin der fernsten Zukunft angehören, mögen Jahrtausende, ja mögen Ewigkeiten darüber verstreichen, mag es zuvor mit den Gottlosesten durch tausend Gerichte, durch alle Qualen der Hölle hindurchgehen – endlich, so triumphiert mein Glaube, e n d l i c h wird's dennoch werden . . . Nicht aus den Schriften mir gleichdenkender Männer, nicht aus der Unterhaltung mit ihnen habe ich jedoch meinen Glauben geschöpft; nein, nicht aus den löcherichten Brunnen menschlichen Meinens: er ist mir geworden aus der lebendigen Quelle selber. Die aufmerksame Betrachtung der Schrift und ihrer vielfachen großen Verheißung ist es, die zu jener festen Überzeugung mich gebracht."

Und was uns in Zusammenhang unserer Ausführungen ganz besonders interessiert, ist, was sie in einem Bericht über ihre Erfahrung als Spitaloberaufseherin sagt: „Im ganzen freilich ist die Erweiterung der Menschenkenntnis, die man in einem Cholera-Hospital erlangt, nicht von der angenehmsten Art. Indessen hat es, denke ich, auch seinen großen Nutzen, die Menschheit von ihrer Schattenseite kennenzulernen. Richtend mich zu erheben über diese armen, versunkenen Menschen, das kann mir nicht einfallen, sobald ich die ungünstigen Verhältnisse, worin sie aufwachsen, mit denen vergleiche, in welche die freie Gnade meines Gottes mich versetzte. Dabei ist mir dann freilich auch mein fester Glaube an die endliche Bekehrung aller Sünder ungemein tröstlich und ermunternd. Ich weiß nicht, ob ich manchem Trunkenbolde, mancher liederlichen Dirne mit so willigem Herzen jeden Dienst der Krankenpflege hätte erweisen können, wenn mir nicht immer der liebliche Gedanke vorgeschwebt: Es kommt doch einmal die Zeit, da auch diese Seelen mit dir vereint vor dem Throne Gottes anbeten werden."

An einer anderen Stelle sagt Amalie Sieveking: „Wiederholt muß ich mich über einen Gegenstand aussprechen, der mir so sehr am Herzen liegt und hinsichtlich dessen ich nicht ohne Bewegung eine entgegengesetzte Meinung anhören kann, weil die meinige mit meiner ganzen Denkungsweise so innig verknüpft und verwachsen ist. Es betrifft die Frage von der ewigen Verdammnis. Vorher nämlich muß ich eine Nachricht erwähnen, nach welcher eine Mutter ihre Kinder im Wahnsinn geschlachtet hat, um sie s e l i g zu machen. Wäre die Voraussetzung richtig, ginge das neugeborene Kind nach seinem Tode, ohne einen Zwischenzustand durchzumachen, sogleich in die Wohnungen ewiger Seligkeit ein und würde andererseits jede Seele, die in ihren Sünden stirbt, zu ewiger Pein verurteilt, dann könnte ich freilich in dem Verfahren jener Unglücklichen keinen Wahnsinn, sondern nur die höchste Selbstverleugnung mütterlicher Liebe wahrnehmen. Aber gerade das Ungeheuerliche solcher Voraussetzung scheint mir ein s c h l a g e n d e r B e w e i s g e g e n d i e t r a u r i g e L e h r e v o n d e r e w i g e n V e r d a m m n i s. Ich begreife oft nicht, wie deren Anhänger, unter ihnen so viele fromme und sonst klarblickende Menschen, damit ihre Ansicht von der höchsten Gerechtigkeit und der allmächtigen Liebe zu reimen vermögen. Wie? ein neugeborenes Kind wäre im Besitze ewiger, unaussprechlicher Seligkeit, ohne Kampf, ohne Prüfung, nur weil es Gott gefallen, dasselbe aus einer sündigen Welt abzurufen, ehe seine noch schlummernden Triebe sich entwickeln? Und der arme Elende, ein Sprößling des Lasters und der Schande, umgeben von mächtigen Versuchungen, ohne den Schutz und die Bewahrung eines geistlichen Führers, sollte, weil er seine bösen Leidenschaften nicht überwunden, endlosen Ewigkeiten des

Leidens hingegeben werden? Nein, nein, bis zu meinem letzten Atemzug werde ich mich mit aller Kraft gegen eine Ansicht der Dinge auflehnen, welche in meinen Augen zur Gotteslästerung führt."

Allein aus Gnaden

Die vorstehenden Ausführungen Amalie Sievekings legen uns noch einen anderen Gedanken nahe. Sie ist überzeugt, daß der Geist Gottes, was er in ihr gewirkt, ebensogut in anderen wirken könne. Sie ist sich dessen bewußt, daß sie alles Heil allein der freien Gnade Gottes verdankt. Es ist aber einfach eine Tatsache, daß längst nicht alle Gläubigen in solcher Erkenntnis stehen. Wenn sie auch sagen, daß ihnen das Heil aus Gottes Gnade geschenkt ist durch den Glauben, so rechnen sie sich doch ihren Glauben an Christus irgendwie als Verdienst an. Und der Glaube an die endlose Höllenqual der Verdammten ist nur dazu angetan, sie in solcher Überzeugung zu bestärken. Sie erheben sich richtend über die anderen in dem Bewußtsein, daß in ihnen selbst der Grund ihrer Erwählung von seiten Gottes liegt.

Lehrreich in dieser Beziehung ist, was die Ärztin Minna Popken in ihrer Biographie von sich selbst erzählt. „Eines Abends ging mein Mann gelegentlich einer Reise in Bordeaux mit mir in ein Nachtcafé, um mir einen Einblick zu verschaffen in jenes mir noch unbekannte Leben. Ich sah das alles mit Schrecken und Abscheu: die Absinth trinkenden Männer, die geschminkten, aufgeputzten Frauen, die sich an sie herandrängten, das Lachen, die Blicke, die ganze Frivolität, die sich dort breitmachte. Mir ward es sehr elend zumute in diesem Getriebe, aber plötzlich, als hätte jemand es mir zugeflüstert, hörte oder dachte ich, wie unter einem Zwang: Ja, sieh nur hin, so eine bist auch du wie diese Frauen hier, bist um gar nichts besser. Ach was, dachte ich, das ist ja purer Unsinn. Und ich bat meinen Mann, mit mir wegzugehen, es sei dort abscheulich." Aber vierzehn, fünfzehn Jahre später, als sie eine Reihe von Nächten hindurch von gemeinen, häßlichen Träumen geplagt war, kam ihr das Verstehen für jenes Erlebnis. Sie verstand mit einem Male das Wort des Apostels: „Ich weiß, daß in mir, das ist in meinem Fleisch, wohnt nichts Gutes. Da ist keiner, der Gutes tue, auch nicht einer." Die gesamte Menschheit erschien ihr nun als eine Masse des Verderbens, wie ein großer Teig durchsetzt mit Sauerteig. Und jeder einzelne Mensch bedeutete ihr nach seinem Fleischeswesen ein Klumpen von dieser großen Masse, nur mit dem Unterschied, daß das eine an einen brutwarmen Ort kommt, an welchem das Sündenwesen hoch aufschwillt, das andere aber kühl gestellt wird und klein bleibt. „Welches Verdienst hatte nun ein solcher Mensch, der sich seines sündhaften Wesens nicht einmal bewußt wurde? Gar keins. Und alles, alles blieb *nur Gnade*. Ja wahrlich, ich war auch so eine, aber ich hatte es nicht gewußt, und die Menschen in meiner Umgebung wußten es auch nicht. Jene Dirnen im Nachtcafé in Bordeaux waren ja meine Schwestern nach dem Fleisch. Nichts erhob mich über sie als allein mein Glaube, jenes wundervolle Gnadengeschenk Gottes, das allen Menschen, auch den Huren und Mördern zuteil werden kann."

Diese Ausführungen geben ganz die biblische Anschauung wieder. Ja, wir sind alle aus einem Teig gemacht und keiner hat Grund, sich über einen anderen zu erheben. Es ist nicht unser Verdienst, wenn wir vor großen Sünden und Lastern bewahrt geblieben sind. Wir haben keinen Grund, uns selber dessen zu rühmen, daß wir an Christus gläubig geworden sind. Wenn alle gläubigen Christen davon überzeugt wären, würde es ihnen nicht schwerfallen zu glauben, daß der Gott, der aus lauter Gnade sie selbst zum Glauben und zum Heil geführt, ebenso aus lauter Gnade auch die im Unglauben Verstorbenen auf irgendeine Weise zu Heil und Seligkeit führen kann. Und gerade das Wort des Apostels, daß Er das tun w i r d, daß, wie sie in Adam alle sterben, also sie auch alle in Christus werden lebendig gemacht werden und Gott schließlich alles in allen sein wird, oder das andere, Röm. 11:32: „Gott schließt alle zusammen ein in die Widerspenstigkeit, auf daß Er sich aller erbarme", ist dazu angetan, uns in die Demut hineinzuführen, die den Apostel sprechen läßt: „Wo ist nun der Ruhm? Er ist ausgeschlossen." Daß das jenen gilt, die durch Gottes Gnade aus dem zweiten Tod zur Herrlichkeit auferstehen, das sieht jeder ohne weiteres ein, aber daß Gott ihnen dasselbe Heil schenkt wie uns, die wir im Erdenleben durch den Glauben es ergriffen, kann uns das Verständnis dafür erleichtern, daß es bei uns ebenso und nichts als *Gnade* ist wie bei jenen.

Wer wirklich erfaßt hat, daß es sich bei der Gnade Gottes nicht bloß um Vergebung einer größeren oder kleineren Zahl von Sünden handelt, sondern um Erneuerung unseres ganzen sündigen Wesens, das dem heiligen Gott ein Greuel ist, der wird sich nicht darüber entrüsten, daß andere, die in ihrem Erdenleben mit oder ohne eigene Schuld nichts gewußt haben von einem Kampf des Glaubens, auch noch selig werden, es wird ihn vielmehr tief befriedigen und beglücken, daß auch diese, die im Erdenleben keinen Frieden hatten, die zudem durch das Gericht vor dem großen weißen Thron hindurch mußten und dann dem zweiten Tod verfielen, am Ende noch das volle Heil erlangen. Er wird sich aus tiefster Seele freuen, daß er das wirklich auf Grund der Schrift glauben darf. Wir haben es erlebt, daß ein lieber Bruder, als ihm diese Erkenntnis aufging, sich so überfreute, daß er krank ward; es war zu überwältigend für sein schwaches Herz. Wir haben es auch umgekehrt erlebt. Gelegentlich einer Aussprache über die Allaussöhnung, an der vorwiegend Gemeinschaftsleute sich beteiligten, brachte ein Bruder es fertig zu sagen: „Wir mühen und quälen uns, unser Heil zu schaffen, und nun sollen die anderen auch noch selig werden?" Bedarf es wohl langen Überlegens, welche Einstellung mehr dem Sinne des Heilandes entspricht?

In seiner treffenden Auslegung von Lukas 15 (Studien zum Sondergut des Lukas, Gütersloh 1934) weist Bornhäuser darauf hin, daß in den beiden Gleichnissen vom verlorenen Schaf und vom verlorenen Groschen der Herr um die Mitfreude der Pharisäer und Schriftgelehrten über die Umkehr der Zöllner und Sünder wirbt. Von dem dritten Gleichnis sagt er mit Recht, es müsse eigentlich nicht das Gleichnis vom verlorenen Sohn, sondern von dem um Mitfreude werbenden Vater genannt werden. Und der Vater sei, ebenso wie in den vorangehenden Gleichnissen der Hirte und das Weib nicht Gott, sondern Jesus. Der ältere Bruder, das seien die pharisäischen Schriftgelehrten, die darüber murren, daß der Herr auch solchen Menschen, die weit von Gott abgekommen sind, nicht nur noch eine Möglichkeit der Rettung zugesteht, sondern offenbar ein besonderes Wohlgefallen an ihnen hat und sich zu festlichem Mahle mit ihnen zusammensetzt. Bornhäuser wirft schließlich die Frage auf, ob das Gleichnis von dem um Mitfreude werbenden Vater, das so ganz aus den damaligen Verhältnissen heraus und zu Juden gesprochen sei, nicht auch für unsere Zeit eine besondere Bedeutung habe, und spricht sich dahin aus, daß auch heute gerade bei den „Frommen", bei denen, die sich für die guten Christen halten, die Gefahr vorliege, daß man sich nicht so recht mit dem Heiland mitfreuen kann, wenn ein tiefgesunkener Mensch den Heimweg findet, sondern die Vergebung verklausuliert und vor ihre völlige Gabe allerhand Bedingungen schiebt. „Es frage sich jeder, der mit Ernst Christ sein will, ob nicht in dem alten Adam, der auch in ihm noch nicht tot ist, noch etwas von einem Frommen nach der Weise der Schriftgelehrten von damals lebt und gegebenenfalls empordrängt! Darum sind alle drei Gleichnisse

Jesu eine tiefernste, aber aus der Liebe quellende Mahnung an alle frommen Leute." So Professor Bornhäuser.

Wir möchten unsererseits noch fragen: Enthält dieses Gleichnis nicht eine tiefernste Mahnung auch an so viele wirklich gläubige Christen unserer Zeit, die mit solchem Widerwillen, so schroff ablehnend der Lehre von der Allaussöhnung gegenüberstehen, die von vornherein jede Auseinandersetzung mit ihr ablehnen und ihre Vertreter geradezu wie Feinde Christi behandeln? Ach, daß doch das Werben des Herrn um Mitfreude über die Rettung Verlorener auch nach dieser Seite hin nicht vergeblich sein möchte!

Eine tröstliche Wahrheit

Wie tröstlich, wie versöhnend ist doch der Glaube an die Allaussöhnung nach so vielen Seiten hin! Was für ein schweres Erdenleben haben doch schon unzählige Menschen gehabt! Denken wir nur an die Sklaven in früheren Zeiten, an so viele Mißhandelte, Unterdrückte, Kranke, an das namenlose Elend, das der Zweite Weltkrieg für so viele mit sich brachte. Welch eine Unsumme von Leiden und Schmerzen, die sich oft in einem einzigen Menschenleben zusammenhäuft! Und wie viele von diesen Unglücklichen, die nie das Evangelium von Jesus gehört oder doch nicht so, daß es irgendwelchen Eindruck auf sie machte. Und diese sollen nun nach dem Erdenleben auch noch zu endlosen Höllenqualen verurteilt werden? Wie ganz anders, wenn wir annehmen dürfen: Diese alle werden noch einmal zurechtgebracht werden und schließlich werden sie alle noch die Weisheit, die Gerechtigkeit, die Macht, die Liebe des Schöpfers preisen, der sie so schwere Wege geführt.

Für Menschen, die in dem lebendigen Glauben an Christus stehen, gibt es kaum ein größeres Leid auf Erden, als wenn sie geliebte Angehörige ihren Weg ohne Christus gehen sehen. Was wird aus diesen werden? Professor Ströter erzählt im „Prophetischen Wort" von einer Kapitänin der Heilsarmee, die es fertigbrachte, Abend für Abend von der Plattform aus den unbußfertigen Sündern die Hölle so recht heiß zu machen und in ihrer endlosen Schrecklichkeit vor Augen zu malen, bis – ihr eigener Vater in unbußfertigem Zustand starb, und dann konnte sie's nicht mehr. Ströter schreibt mit Recht dazu: „Wer könnte auch?!" In der Tat, für den, der nicht an die Allaussöhnung glaubt, ist solches Erleben zum Verzweifeln. Wird er es jemals ganz überwinden, jemals sich einer völligen Seligkeit erfreuen dürfen? Aber der Glaube, daß auch die im Unglauben Gestorbenen in die Hand eines gerechten Richters fallen, der auch im strengsten Gericht das endliche Heil der Gerichteten im Auge hat, vermag auch solches Leid – und ein schweres Leid bleibt es ja immerhin – zu lindern und uns zu trösten. Wir können es schließlich nicht anders wünschen, als daß der Herr, der Allerbarmer, auf die Art und Weise, die Ihm die richtige zu sein dünkt, das Verlorene zurechtbringt. Vielleicht, daß wir selber einmal bei Menschen, denen wir im Erdenleben nahegestanden, dabei mitzuwirken haben. Schreibt nicht Paulus 1. Kor. 6:2: „Wisset ihr nicht, daß die Heiligen die Welt richten werden?" Welche Freude, welche Seligkeit wird das auch für uns sein, wenn sie schließlich am Ziele angelangt, in das Bild des erstgeborenen Sohnes verklärt, leuchtend in Herrlichkeit mit uns die Liebe Gottes preisen!

Wenn es keine Allaussöhnung gäbe, würden nicht gewissenhafte Gläubige beim Tode von Ungläubigen, die ihnen nahegestanden, immer wieder von Vorwürfen geplagt werden, daß sie doch vielleicht nicht treu genug gewesen seien in der Fürbitte oder in ernstliebevollem Zusprechen? Nicht, daß der Glaube an die Allaussöhnung uns dazu verführen dürfte, es in dieser Hinsicht zu leicht zu nehmen. Wenn die Liebe Christi unser Herz erfüllt, wird es uns doch immer wieder treiben, für die Menschen um uns her zu beten und je und dann ihnen ein gutes Wort zu sagen. Es gilt hier Pred. 11:6: „Frühe säe deinen Samen und lasse deine Hand des Abends nicht ab, denn du weißt nicht, ob dies oder das geraten wird; und ob es beides geriete, so wäre es desto besser." Wir wissen ja nicht, wer zu den Auserwählten Gottes gehört, und es ist gut, daß wir's nicht wissen. So dürfen wir getrost weiterbeten für Ungläubige, auch wenn es nicht den geringsten Erfolg zu haben scheint, solange es uns der Geist Gottes nicht verwehrt. Gott kann unser Bitten noch erfüllen, wenn wir längst nicht mehr unter den Lebenden sind.

Eine ungesunde Lehre

Wir lasen vor einiger Zeit die Anzeige einer Schrift, betitelt: „Ist die Allaussöhnung gesunde Lehre?" Wir haben Grund anzunehmen, daß der Verfasser obige Frage verneint. Unsererseits können wir die Lehre von den endlosen Höllenqualen nur für eine durchaus ungesunde halten. Nach den bisherigen Ausführungen brauchen wir das wohl nicht mehr zu begründen, möchten aber doch auf e i n e ungesunde Wirkung derselben besonders hinweisen. Es ist ja durchaus begreiflich, wenn gläubige Eltern den Wunsch haben, ihre Kinder möchten möglichst früh das Heil in Christus ergreifen. Aber wieviel wird aus diesem Verlangen heraus gefehlt, und gewiß am meisten da, wo die Angst vor endlosen Höllenqualen mit im Spiele ist. Denken wir nur an die Überfütterung von Kindern mit geistlicher Speise, das Mitnehmen von solchen in Bibelstunden, die Versagung auch unschuldiger Freuden als zur Welt gehörig, das immer wiederholte Drängen auf Bekehrung und dergleichen, wodurch oft nur ein Widerwille gegen alles Christliche oder aber auch ein vorzeitiges und darum ungesundes Wachstum erzielt wird; nicht ohne Berechtigung gebraucht man hierfür den Ausdruck „Knospenfrevel". Wie oft mag es schon in evangelistischen Vorträgen den Hörern in Bausch und Bogen zugerufen worden sein: „Heut' bekehre dich, sonst gehst du ewig verloren!" Ganz abgesehen davon, daß es das letztere überhaupt nicht gibt, woher will der Redner wissen, wann für den einzelnen Menschen Gottes Stunde gekommen ist? Hat der Herr, haben Seine Apostel je in dieser Weise gepredigt? Offb. 3:20 hören wir den Herrn sagen: „Siehe, ich stehe vor der Tür und klopfe an." Der Herr klopft an der Herzenstür, ob man Ihm nicht auftun möchte, aber Er schlägt die Tür nicht ein. Den von einer Predigtreise zurückgekehrten Jüngern sagt der Herr, Mark. 6:31: „Laßt uns besonders an eine wüste Stätte gehen und ruhet ein wenig." Der Herr kann auch ruhen und warten.

Ein Professor der Theologie schreibt: „Mit aller Schärfe und ohne jede Rücksicht spricht die Heilige Schrift es aus, daß die Heiden verloren sind . . . Ohne Christus ist die Welt eine verlorene Welt. Wer an Ihn glaubt, der hat das ewige Leben. Aber wer nicht an Ihn glaubt, der ist ohne Gott, und wer ohne Gott ist, der ist für Zeit und Ewigkeit ein verlorener Mensch." Wenn wir das wirklich glauben, müßten wir nicht ganz anders tätig sein, um Menschen zu retten, die endloser Qual entgegengehen? Könnten wir es denn verantworten, so manche freie Stunde noch auf unnötige, wenn auch noch so gute und schöne Dinge zu verwenden? Der Herr weist den Judas Ischariot zurecht, der Maria von Bethanien tadelt, weil sie bei der Salbung Jesu eine Summe von etwa 200 Mark verschwendet, um ihre Liebe zu Jesus kundzutun. Wenn aber unsere Missionsgesellschaften dauernd mit Fehlbeträgen zu rechnen haben, wäre es dann nicht unrecht, auch nur einen Pfennig auszugeben zur Ausschmückung unserer Gotteshäuser, Gottesdienste u. dgl., geschweige denn für unnötige Genüsse? Wenn wir wirklich glauben an die endlosen Höllenqualen, in denen nach der herkömmlichen Anschauung ja jetzt schon zahllose Menschen seit ihrem Tode schmachten, wir wären zu einem finsteren, niederdrückenden, selbstquälerischen Leben verurteilt.

Wie manche gläubige Christen, deren Herz von Liebe zu ihren Mitmenschen erfüllt war, haben schon geseufzt unter dieser Lehre, die sie meinten als Lehre Christi und der Apostel ansehen zu müssen. So schreibt J.Taylor: „Dasselbe Evangelium, welches unsere Seelen mit warmen Regungen durchdringt und unsere Selbstsucht vernichtet, wirkt in unseren Herzen ein Mitgefühl, das uns oft versucht zu wünschen, es wäre nicht wahr oder es hätte uns nicht gelehrt, also zu fühlen." Und ein anderer, Alb. Barnes, äußert sich folgendermaßen: „Diese und hundert andere Schwierigkeiten erheben sich, wenn wir an diesen großen Gegenstand denken; und sie tun dies gerade dann, wenn wir versuchen, unsere ungläubigen Brüder zu drängen, daß sie sich mit Gott versöhnen lassen möchten und ihm vertrauen. Ich bekenne, daß ich diese Schwierigkeiten fühle und zwar immer deutlicher und mächtiger, je mehr ich auf sie sehe und je länger ich lebe. Ich sehe keinen Strahl von Licht über diesen Gegenstand und ich habe auch keinen gehabt von dem ersten Augenblick an, wo ich mich mit ihm beschäftigte. Was weise und gute Menschen geschrieben haben, habe ich eingehend gelesen. Ich habe ihre Theorien und Erklärungen betrachtet, habe versucht, ihre Beweisgründe abzuwägen, denn meine Seele lechzt nach Licht und Trost bei diesen Fragen. Aber ich habe nichts gefunden und in der Verzweiflung und Angst meines eigenen Geistes bekenne ich, daß ich nirgendwo Licht sehe. Nirgends auch nur einen Strahl, daß ich's begreifen könnte, warum die Sünde in die Welt gekommen ist, warum die Erde bedeckt ist mit Sterbenden und Toten und warum der Mensch leiden muß bis in alle Ewigkeit." Wie unsagbar befriedigend und beglückend ist dagegen die wirkliche Schriftlehre von der Allaussöhnung!

Gott alles in allen

Auf einen Punkt sei schließlich noch einmal hingewiesen, der im vorhergehenden schon kurz berührt worden ist: Wenn die Lehre von der endlosen Verdammnis Wahrheit wäre, so müßte neben dem Reich Gottes ein Reich des Bösen in alle Ewigkeit Bestand haben. Zahllose Wesen, Menschen und Engel, würden dazu gehören, sie würden böse sein und bleiben; das Böse in ihnen, die Sünde, würde für immer fortbestehen. Ist das nicht eigentlich eine ganz undenkbare Vorstellung, auch wenn man annimmt, daß Gott dieses Reich unter Sich, in Seiner Gewalt hat? Jede ordentliche Hausfrau will ihr Haus in allen seinen Teilen rein und sauber haben, und Gott, der Heilige, Allmächtige, von dem Johannes sagt, daß Er Licht ist und keine Finsternis in Ihm, sollte in Seinem Hause, in Seiner Schöpfung, dem neuen Himmel und der neuen Erde, von denen Jesaja schreibt, daß sie so herrlich sein werden, daß man der vorigen nicht mehr gedenken wird, einen Sündenpfuhl, einen Schandfleck von so riesigem Ausmaß für alle Ewigkeit dulden? Unmöglich. Es muß dabei bleiben: Gott wird schließlich alles in allen sein.

Geben wir noch einmal Michael Hahn das Wort. „Wenn aber Tod, Teufel und Hölle und also alles Böse nicht mehr ist, wo ist es denn hingekommen? Ist es dann vernichtet und so aufgelöst und aufgehoben, daß es gar nicht mehr existiert und ist? — Nein! so nicht. Sondern es ist durch den Wiederbringer und die Wiederbringungsanstalten herwiedergebracht. Das Kranke ist gesund und geheilt, das Tote lebendig gemacht worden; der Rebellen sind nun keine mehr . . . Es kann nicht anders sein; alles wird erneuert. Das kraftvolle Wesen der alles reinigenden Tinktur dringt durch und verwandelt alles in seine Natur. Und darum sage ich noch einmal: Es wird kein Tod, kein Teufel mehr sein noch sein können, und das darum, weil Gott selber in allen Seinen Geschöpfen das sein wird, was Er, ehe Er sich offenbarte, in Naturen und Kreaturen sein wollte und zu sein verlangte . . . Dann wird die alles erfüllende Gottheit alles in allen unmittelbar sein können. Dann wird die Gottheit nicht mehr nötig haben, sich durch die Menschheit Jesu zu mildern und sich der Kreatur erträglich zu machen. Gott wird alsdann der Kreatur kein verzehrend Feuer mehr sein; denn alle Kreaturen werden dann sein, wie und was Er selbst ist – lauter vollkommene Ebenbilder Gottes; ja alle werden dann sein aus Gnaden, was Er von Natur ist. Da wird Er sich in alle ganz einführen und sich allen ganz mitteilen können, wie jetzt in Christus mit Seiner ganzen Gottesfülle, mit allem Reichtum Seiner Herrlichkeit. Da wird die ganze Fülle der Gottheit in allen wesentlich leibhaftig wohnen und wirken in verklärter Geistleiblichkeit . . . Gott wird in aller Kreatur nur wollen und aller Kreaturen Wille wird, im Wollen Gottes bewegt, nur wollen, wie Gott in ihr und durch sie will. So das nicht wäre, so wäre Er ja nicht alles in allen . . . O wie herrlich wird es einst sein, wenn alle Willen von e i n e m Willen gelenkt, mit e i n e m Willen vereint sein werden! Wenn eine Harmonie sein und Gott das All als ein lebendiges Instrument bewegen wird zum Lobe Seiner Herrlichkeit, die in dem All hergestellt sein wird zum Wohlempfinden des lebendigen Alls! . . . Ja, alsdann wird eine lautere, ewige Wonne, Liebe und Freude sein! Alle werden in Gott und Gott in ihnen in der allerseligsten Liebesvereinigung sich einander lieben, herzen und in Gott, der alleinigen Allgenugsamkeit, sich vergnügen in der unaufhörlichen Offenbarung Seiner Wunder!"

Ein französischer Gelehrter, Ozanam, erzählt, wie er in jungen Jahren öfter mit dem großen Physiker Ampère, dessen Name ja auch bei uns jedem Elektriker bekannt ist, zusammen gewesen sei. Am Schlusse der Unterhaltung sei dann das Gespräch gewöhnlich auf Gott, den Schöpfer der Natur, gekommen. Dann habe Ampère wohl seine gewaltige Stirn zwischen die Hände genommen mit dem Ausruf: „Wie groß ist Gott, Ozanam, wie groß ist Gott!" Und wenn vollends Gott einmal zu Seinem Ziele mit der jetzigen Schöpfung gekommen sein wird, wenn unter all den Milliarden denkender, fühlender, erkennender Geschöpfe nicht ein einziges mehr in der Gottesferne ist; wenn aller Gedanken jederzeit nur e i n e n Inhalt, e i n Ziel, e i n e Fülle haben, Ihn den Vater aller Geister – wie wird dann erst Gott groß dastehen, groß in Seiner Macht,

Seiner Weisheit, Seiner Heiligkeit, Seiner Gerechtigkeit, Seiner alles überwindenden Liebe! Wir wissen das nicht besser auszudrücken als mit den Worten, mit denen Professor Ströter sein Buch über die Allversöhnung abschließt und mit denen auch wir unsere Abhandlung schließen wollen:

„Seine (Gottes) A l l m a c h t, der alles dienen muß, für die es keine Unmöglichkeiten gibt, die mit allen Feinden und Hassern fertig wird, ohne ihre anerschaffene Würde und sittliche Hoheit zu schädigen – sie steht vor unserem staunenden Geist in unverletzlicher Majestät, in unwiderstehlicher, überwältigender Schönheit, weil sie nur den Zwecken der L i e b e dient, die Gott Selber ist.

Seine W e i s h e i t, die mit unfehlbarer Sicherheit alles zuvor ersah, erwog, bedachte, die durch keine noch so tiefen und verworrenen Anschläge satanischer und menschlicher Listen, Ränke, Tücken und Bosheiten je aus der Fassung oder in Verlegenheit zu bringen war, die auch nicht ein einziges Wort göttlicher Offenbarung zurückzunehmen, zu korrigieren oder außer Kraft zu setzen braucht, die in himmlischer Einfalt alle stolzen Höhen kreatürlichen Denkens überwindet – nicht in kalter, erstarrender Reflexion, sondern in gewaltiger, tragender, hingebender L i e b e –, wie steht sie da so keusch, so lauter, so schlicht bei aller unergründlichen Tiefe, daß der Unmündige sie erfassen und sich von ihr zur Gottesfülle füllen lassen kann.

Und die unnahbare, alles ungöttliche Wesen mit heiligem Feuereifer verzehrende, schonungslos richtende H e i l i g k e i t und G e r e c h t i g k e i t, die nicht davor zurückbebt, Gottes Auserwählte, sei es das auserwählte Volk, sei es den erstgeborenen Sohn, sei es Seine teuer erkaufte Gemeinde, in die schärfsten Züchtigungen, Drangsale und Leiden zu legen, Jahre, Jahrzehnte, Jahrhunderte, Jahrtausende, – unversehrt, unerschüttert geht sie hervor, aber durchglüht vom Feuer göttlicher Liebe, die allem Tode den Tod geschworen und diesen Schwur gehalten; und die alles überwindet, weil sie sich hat überwinden lassen von dem unsagbaren Elend und Jammer einer verlorenen Welt.

Und der Sammel- und Brennpunkt aller göttlichen Liebe, Weisheit, Heiligkeit und Allmacht – das K r e u z v o n G o l g a t h a – wie groß, wie überwältigend sein Triumph, seine Macht, seine Herrlichkeit! Darum Ihm, dem erwürgten Lamm, Ihm, der alles zu Ihm selbst versöhnt, damit, daß Er zum Frieden brachte durch das Blut, durch das Kreuz, durch Sich selbst sowohl was im Himmel als auch was auf Erden ist, Ihm sei die Ehre in der Gemeinde auf alle Geschlechter der Ewigkeit der Ewigkeiten. Amen."

„Unausforschlicher Reichtum"

So nennt sich die Zweimonatsschrift, die seit über 50 Jahren in deutscher und seit über 75 Jahren in englischer Sprache erscheint. In reicher Fülle wurden hier den Lesern biblische Forschungsergebnisse enthüllt und damit auch tiefgreifende Erkenntnisse über die Geheimnisse Gottes vermittelt. Wie sehr die Leser dieser Zeitschrift dadurch im freudigen Glauben gefördert wurden, das haben sie immer wieder durch dankbare Zuschriften bekundet.

Die Herausgeber sind dem Herrn von Herzen dankbar, daß Er ihnen in dem Begründer der Zeitschrift, A. E. Knoch, einen außerordentlich begabten und in den Grundtexten der Bibel bewanderten, aber auch in aller Erkenntnis überragenden Schriftleiter geschenkt hat, dessen ungewöhnliche Forschungsergebnisse richtungsweisend für eine ernsthafte konkordante Schriftbetrachtung geworden sind.

Nach dem Tod des teuren Bruders durften seine bisherigen Mitarbeiter, die durch ihren verehrten Lehrer in diese Arbeit gründlich eingeführt wurden, das Werk in seinem Sinn fortsetzen. Es ist somit gewährleistet, daß die Zeitschrift weiterhin die Leser zum Wachstum in geistlicher Weisheit und Enthüllung in der Erkentnis Gottes fördern wird.

Es ist auch weiterhin nicht die Absicht der Schriftleitung, in erster Linie rein erbauliche Aufsätze zu bringen, da diese sich oft in seelischen Gefühlen auswirken, die bald vorübergehen, sondern sie will die Leser in das Herz Gottes blicken lassen und zeigen, wie Gott in Christus Jesus – und in Seinen Heiligen – den herrlichen Ratschluß Seines Willens mit der ganzen Schöpfung durchführt und zum freudevollen Ziel bringt. Dadurch wird im Herzen der Leser sicher überfließender Dank zur Verherrlichung Gottes und Christi Jesu bewirkt.

Probeexemplare sind zu beziehen durch:
                Konkordanter Verlag
                7530 Pforzheim

Das Konkordante Neue Testament

Die konkordante Wiedergabe des Neuen Testaments ist ein Bemühen, das Wort Gottes in einer Form darzubieten, die dem Leser nicht nur einen getreuen Spiegel des Grundtextes vermittelt, sondern auch den göttlichen Plan in seinem Zusammenhang aufzeigt. Jedes griechische Wort wird, soweit dies möglich ist, durch ein und denselben deutschen Ausdruck wiedergegeben. Wo der Sprachgebrauch mehrere deutsche Wörter für ein griechisches fordert, ist dies aus der Konkordanz ersichtlich, welche ein Teil der Bibelausgabe ist. Das Testament enthält im Vor- und im Nachsatz einen zweiseitigen Schlüssel, welcher alle im Text gebrauchten Abkürzungen erklärt. Die wichtigsten davon sind auf einem gesonderten Zeichenblatt geprägt, welches auch als Lesezeichen verwendbar ist. Rückseitig ist dieses Blatt zur Studienhilfe mit einer Lineatur versehen. In der Einführung wird die konkordante Methodik genau beschrieben, so daß der Leser alle drucktechnisch gebrauchten Hilfsmittel voll zum Verständnis des Bibeltextes nutzen kann und zugleich die Besonderheiten einer konkordanten Übersetzung sinnvoll zu erkennen vermag. Eine Übersicht der drei wichtigsten Kodizes, Tabellen mit einer Skelettübersicht der einzelnen Evangelien und Briefe, eine graphische Darstellung der griechischen Präpositionen, der einfachen und mehrfachen Verneinungen ergänzen den ersten Teil.

Die Stichwortkonkordanz ist nach den deutschen Stichwörtern geordnet. Sie läßt nicht nur die Stellenvorkommen erkennen, sondern vermittelt auch erklärende Hinweise auf die Bedeutung der griechischen Wörter, die sämtlich im Kursivdruck angegeben werden. Außerdem enthält sie einen Lutherschlüssel, aus dem ersichtlich ist, wie Luther jedes griechische Wort übersetzt hat. – Es ist also keine Konkordanz im üblichen Sinn, sondern eine Ergänzung zum Verständnis des Bibeltextes.

Prospekte sind zu beziehen durch:
                Konkordanter Verlag
                7530 Pforzheim